Fische verstehen leicht gemacht

Streitlustige Einzelgänger

Kampffisch-Männchen kann man nur eines pro Aquarium halten – zusammen mit einigen Weibchen. Mehrere Männchen würden sich gegenseitig imponieren, androhen und sich ernsthafte Verletzungen zufügen.

Fische, die Luft holen

Labyrinthfische atmen über Kiemen und nehmen zusätzlich Luft über das Labyrinthorgan auf, sie schwimmen also zum Luftholen an die Wasseroberfläche. Daher muss zwischen Wasseroberfläche und Abdeckscheibe ca. 5 cm Platz sein.

Leben im Schwarm

Viele Fische fühlen sich nur im Schwarm wohl, so diese Zitronensalmler, aber auch viele Barben und Lebendgebärende Zahnkarpfen. Man sollte sie immer in einer größeren Gruppe halten, die auch viel besser zur Geltung kommt.

Fressen auf Tauchstation

Panzerwelse gründeln sehr gerne und suchen Nahrung im Bodengrund. Achten Sie darauf, dass der Bodengrund im Aquarium fein und nicht scharfkantig ist, damit die Welse sich beim Gründeln nicht die Barteln verletzen.

Saugen und Raspeln

Viele bodenlebende Fische wie diese Siamesische Saugschmerle saugen und raspeln ihre Nahrung von den Aquarienscheiben oder Einrichtungsgegenständen ab. Das Maul ist dazu als Saugscheibe ausgebildet.

Futterspaß am Glas

Futtertabletten können Sie an die Aquarienscheibe drücken und die Fische dann beim Fressen beobachten. Eine gute Gelegenheit, um zu schauen, ob auch alle Aqurienbewohner gesund und munter sind.

Kinderstube im Schaumnest

Viele Labyrinthfische wie diese Paradiesfische bauen an der Wasseroberfläche Schaumnester aus schleimumkleideten Luftblasen. Darin befinden sich die Eier bis zum Schlupf und auch die geschlüpften Larven werden in der ersten Zeit hier versorgt.

Eins, zwei, viele

Einige Fische, z. B. Lebendgebärende Zahnkarpfen, legen keine Eier, sondern bringen voll entwickelte Jungfische zur Welt – hier ein Guppy-Weibchen mit halbwüchsigem Nachwuchs. Guppys sind ziemlich vermehrungsfreudig und die Zucht gelingt fast immer.

Schutz für den Nachwuchs

Buntbarsche legen Eier und viele bewachen ihre Gelege, so wie diese Schmetterlingsbuntbarsche, die ihre Eier offen auf einem Stein abgelegt haben. Andere Buntbarscharten verbergen ihre Eier in Höhlen oder sogar im eigenen Maul.

Inhalt

1

Planen und einrichten 6

2

3

1

Planen und einrichten

Wo Fische sich wohl fühlen

Faszination Aquarium

Viele Menschen träumen davon, einmal einen Blick in die geheimnisvolle Unterwasserwelt des Amazonas oder in einen thailändischen Urwaldbach zu werfen. Oder einmal in den Tanganjika- oder Malawisee zu schauen! Mit einem Aquarium lässt sich dieser Traum kostengünstig – und sogar in den eigenen vier Wänden – verwirklichen. Die Aquaristik ist ein faszinierendes Hobby, bei dem man auch allerhand lernen kann.

Die Heimat der Fische

Natürlich muss man die Fische und Pflanzen richtig pflegen. Am besten gelingt dies, wenn Sie sich die Heimatgewässer zum Vorbild nehmen.

Viele Lebensräume der Aquarienfische sind bedroht.

Unsere Fische stammen ursprünglich alle aus den Tropen. Dort leben sie in vielerlei Biotopen: vom kleinsten Tümpel bis zum See, von der sprudelnden Quelle über den mal rauschenden, mal träge dahinfließenden Bach bis hin zu jenem Fluss, der in einen großen Strom mündet und schließlich im weiten Delta im Meer endet.
Bedingt durch Regen- und Trockenzeit verändern sich die Lebensbedingungen der Fische im Laufe des Jahres in gewissen Rhythmen. Dies gilt für die Wasserchemie (die Inhaltsstoffe und der pH-Wert ändern sich), für physikalische Faktoren (Wassertemperatur- und Luftdruckschwankungen, unterschiedlicher Wasserstand) und ebenso für die Lichtverhältnisse.
Je nach Quelle, Untergrund (Bett oder Ufer) und Zufluss kann das Wasser weich, sauer und nährstoffarm oder aber hart, basisch und nährstoffreicher sein. Dazwischen gibt es viele Übergänge. Die Farbe kann rot bis schwarzbraun (Schwarzwasser) oder kristallklar (Klarwasser) bis hin zu lehmig trüb sein (Weißwasser). Auf dem Bild auf Seite 24 ist der Zusammenfluss von Schwarz- und Weißwasser in Brasilien sehr gut zu erkennen.
Evolutionsbedingt sind die Fische bestens an die jeweiligen Bedingungen angepasst. Sie leben aber auch nicht immer im Schlaraffenland, in manchen Zeiten ist das Nahrungsangebot eher karg.

Die Natur nachahmen

Im Vergleich zu den tropischen Gewässern ist unser Aquarium nur ein Fingerhut voll Wasser. Und doch lassen sich auch im Aquarium passende Bedingungen schaffen, so dass viele Fische und Pflanzen aus den Tropen bei uns leben und sich sogar vermehren können. Je extremer das Ursprungsgewässer jedoch ist, desto mehr Wissen ist nötig, um auch so genannte „Seltenheiten“ artgerecht und dauerhaft halten oder sogar nachzüchten zu können.

So ist der Einstieg leicht

In unserem ersten Aquarium sollen solche Arten gehalten werden, die ursprünglich zwar aus den Tropen stammen, aber nicht mehr in freier Wildbahn gefangen werden müssen. Die meisten werden bei uns oder im Ausland (hauptsächlich in Südostasien oder den Ursprungsländern) nachgezüchtet und sind daher an Wasserbedingungen gewöhnt, die man gut nachahmen kann.

Artenschutz

Durch die Aquaristik werden Fischarten erhalten, die in ihren ursprünglichen Lebensräumen durch Umwelt- und Lebensraumzerstörung nicht mehr vorkommen oder in ihrer Existenz stark bedroht sind. Zudem werden heute die meisten Aquarienfische gezüchtet und nicht mehr der Natur entnommen.
Um den Fischen im Aquarium weitgehend artgerechte Bedingungen zu bieten, sollten Sie zuerst überlegen, welche Fisch- und Pflanzenarten Sie halten und vergesellschaften möchten. Denn danach richtet sich die Art und Ausstattung des Aquariums, vor allem aber die Wasserbeschaffenheit.

Die Thailand-Hakenlilie (linkes Bild) bildet in der Natur dichte Bestände (Bild oben).

Bevor es losgeht

Planung und Vorbereitung

Einkaufszettel

- → Becken mit passender Isolierunterlage
- → evtl. Unterschrank
- → Abdeckung mit Beleuchtungseinrichtung
- → Leuchtstoffröhren
- → Rückwand
- → Filter, Filtermasse
- → Heizung, Thermometer
- → Scheibenreiniger
- → Kunststoffschlauch für Wasserwechsel
- → Mulmabsauger
- → Aquarienkies
- → Dekomaterial (Wurzeln, Steine, Tonröhren usw.)
- → Bodengrunddünger
- → Wasseraufbereitungsmittel
- → Starterbakterien
- → Wassertests (Nitrit, pH, GH, KH)
- → CO_2-Dauertest
- → evtl. CO_2-Anlage
- → Aquarienpflanzen
- → Fischfutter, Fischnetz
- → noch keine Fische!

Der erste Schritt zum schönen Aquarium führt zum Zoofachgeschäft, wo es eine große Auswahl gesunder Fische und Pflanzen gibt.
Hier haben Sie die Gewähr, dass Sie neben der kompetenten Beratung auch die richtige Ausstattung mit Garantie sowie vollen Service erhalten.
Bei so genannten Schnäppchen, gebrauchten oder selbst gebastelten Aquarien ist Misstrauen angebracht. Denn ein fehlerhaftes Becken ohne Garantie, mit unzureichender Technik oder (veralteter) Billigausstattung kann den Vorbesitzer zur Aufgabe seines Hobbys gebracht haben und wird nicht ausreichen, um Fische und Pflanzen optimal gedeihen zu lassen.

In der Mietwohnung

Die Aquaristik kann, wenn sie im normalen Rahmen betrieben wird, von keinem Vermieter verboten werden. Voraussetzung ist, dass keine Beschädigung der Wohnung entsteht.

Sicherheit

Erweitern Sie Ihre Haftpflichtversicherung, damit durch das Aquarium entstandene Schäden abgedeckt sind. Ein Wasserschaden kann teuer werden. Prüfen Sie bei Becken ab ca. 150 l die Belastbarkeit des Fußbodens. Die nötigen Daten erhalten Sie vom Vermieter oder vom Architekten. Das Gewicht beträgt pro Liter Wasser 1 kg, dazu das Gewicht des Beckens und des Unterschranks.

Der Standort

Der beste Platz ist in einer dunkleren Zimmerecke, da direkte Sonneneinstrahlung die Algenbildung fördert und das Wasser aufheizen kann. Also nicht am Fenster oder direkt neben einer Heizung. Der Platz darf ruhig dunkel sein, denn dadurch wird die Unterwasserlandschaft zum attraktiven Blickfang. Kleinere Becken stehen gut auf

Tipp

Stabiler Stand

Das Becken muss stabil und waagrecht stehen. Wenn nötig, gleichen Sie den Schrank aus und nicht das Aquarium!

einem Schreibtisch oder in einem stabilen Wandregal. Oder wie wäre es mit einem Aquarium als Raumteiler? Wer ein Becken mit Unterschrank wählt, braucht sich um die Stabilität keine Sorgen zu machen. Ein Stromanschluss und vier Steckdosen sind nötig.

Das Becken

Wählen Sie das Becken so groß wie möglich, weil große Becken attraktiver, biologisch stabiler und einfacher zu pflegen sind. Neben den Normbecken gibt es Dreieck- und Achteckbecken sowie Sondermaße. Mit abgeschrägter oder gar gewölbter Frontscheibe eröffnen sich ganz neue Dimensionen.

→ Die Beckengröße

60 x 30 x 30 cm	=	54 l
80 x 40 x 50 cm	=	160 l
100 x 40 x 50 cm	=	200 l
100 x 50 x 50 cm	=	250 l
120 x 40 x 50 cm	=	240 l
120 x 50 x 50 cm	=	300 l

Gut eingeheizt

Da die meisten Aquarienfische aus den Tropen stammen, brauchen sie warmes Wasser. Dafür gibt es verschiedene Heizungen. Am gebräuchlichsten ist ein thermostatgesteuerter Heizstab. Wählen Sie die Wattstärke nach Beckenvolumen und Raumtemperatur: ab 20 °C genügt 0,5 Watt Heizleistung je Liter Wasser. Unter 20 °C Raumtemperatur brauchen Sie 0,75 Watt. Wenn die Fische mehr als 26 °C benötigen, wählen Sie 1 Watt pro Liter.
Die Heizung darf allerdings auch nicht zu stark sein, sonst ist die Überhitzungsgefahr bei Thermostatdefekt zu groß.

Tipp

Der beste Platz für Heizstäbe

Bringen Sie den Heizstab frei von Kies oder Dekomaterial gegenüber dem Filtereinlauf an und ziehen Sie beim Wasserwechsel stets den Stecker!

Bodenheizung & Thermofilter

Wer gleichmäßige Temperaturen, üppigen Pflanzenwuchs durch gute Bodendurchflutung und absolute Sicherheit möchte, kann eine Bodenheizung mit Heizkabel und exakter elektronischer Temperatursteuerung wählen. Praktisch sind auch Thermofilter, die zugleich filtern und thermostatgesteuert heizen.

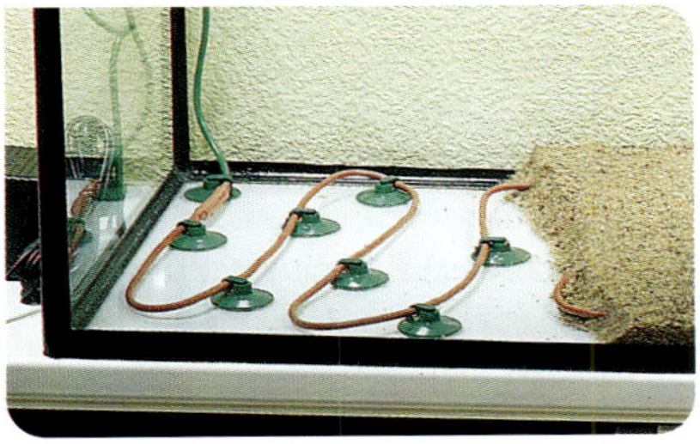

Genau gemessen – das Aquarienthermometer

Die Temperatur wird mit einem guten Aquarienthermometer überwacht. Zweckmäßig ist ein Bodensteckthermometer plus fixierbares Schwimmthermometer.

Diese Thermometer messen die Wassertemperatur zuverlässig.

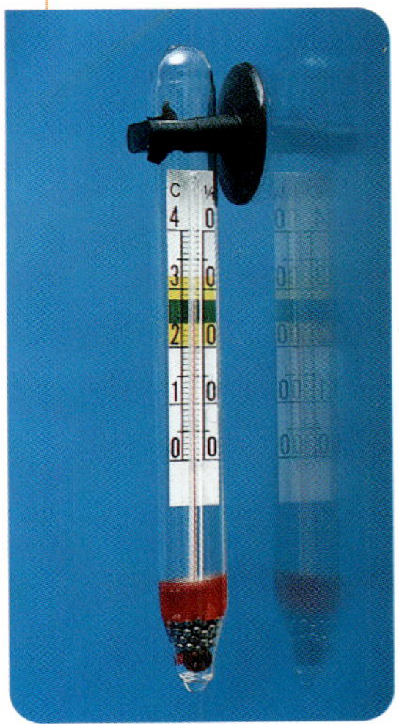

Praktische Helfer

Die technische Ausstattung

Innenfilter eignen sich für kleinere Becken (oberes Bild), Außenfilter (unteres Bild) für größere.

Der Filter

Der Filter soll für klares Wasser sorgen, indem er Schmutzpartikel herausfiltert und über Materialien mit großer Oberfläche, auf denen sich viele nützliche Bakterien ansiedeln, den Schadstoffabbau sichern.

Größe und Volumen des Filters richten sich nach Beckengröße und Besatz. Sie sollten auch die Strömungsbedürfnisse der Fische beachten. Stündlich sollen 80–100 % des Beckeninhaltes das Filtermaterial passieren. Je länger das Filtermaterial bereits im Filter ist, um so geringer wird mit der Zeit der Durchlauf.

Bewährt haben sich für Becken bis 60 l Inhalt luftpumpenbetriebene Schaumstofffilter. In der Patrone können sich nützliche Bakterien ansiedeln, und Schwebeteilchen aller Art werden zurückgehalten. Sog und Wasserbewegung sorgen für eine gute Durchmischung des Beckeninhaltes. Ebenso gut geeignet sind elektrisch regulierbare Modul-Innenfilter.

Topf-Außenfilter und Thermofilter sollen ein möglichst großes Volumen haben. Für große Becken eignen sich Rieselfilter.

Moderne Aquarienfilter bieten überzeugende Leistung, guten Bedienungskomfort, geräuschlosen Lauf, perfekte Technik, schönes Design und geringen Stromverbrauch. Bestehen Sie beim Kauf auf TÜV- und GS-Zeichen und Garantie.

Filtermaterialien

Mechanische Filtermassen entfernen feste Partikel aus dem Wasser. Es gibt Perlonwatte, Matten, Vlies, Tropfkörper und Tonröhrchen sowie Spezialschaumstoffe (die nach einiger Zeit auch biologisch wirken).

Für den biologischen Schadstoffabbau brauchen Sie Tropfkörper oder Spezialsubstrate, die durch ihre große Oberfläche die Ansiedlung vieler Bakterien ermöglichen. Die volle Wirkung setzt meist erst nach 2–3 Wochen ein. Diese Zeit können Sie durch Zugabe von „Startbakterien“ wesentlich verkürzen. Stark verschmutztes Filtermaterial tauschen Sie aus, wenn die Filterleistung merklich abnimmt.

Um schädliche Substanzen wie Chlor, Medikamentenrückstände, Trübungen oder einen starken Gelbstich zu entfernen, können Sie zusätzlich Filterkohle einsetzen. Nach ca. 48 Stunden entfernt man die Kohle wieder, weil dann die Absorptionswirkung rapide nachlässt und die gebundenen Stoffe wieder frei werden können.

Tipp

Bakterien erwünscht

Wechseln oder säubern Sie nicht das komplette Filtermaterial auf einmal, damit stets genügend Bakterien vorhanden sind.

Chemische Filtermassen kommen zum Einsatz, wenn das Wasser verändert werden soll: z. B. Filtertorf zum Ansäuern, Austauschermaterial zum Enthärten, Härtebildner zum Aufhärten. Sie werden in Filtersäckchen gefüllt.
Mit einem Schnellfiltereinsatz können Sie das Wasser schnell klären und mit einem Diffusor mit Sauerstoff anreichern.

Durchlüftung

Auf eine Durchlüftung kann bei einem gut bepflanzten Aquarium mit wenigen Fischen verzichtet werden. Wird das Wasser bei Hitzeperioden zu warm, kann es aber zu Sauerstoffmangel kommen. Setzen Sie zumindest nachts, wenn auch die Pflanzen Sauerstoff verbrauchen, einen luftbetriebenen Ausströmer ein, der über die Licht-Zeitschaltuhr an- und wieder ausgeschaltet wird. Die Luftpumpe kann auch einen Mulmsauger betreiben.

Licht

Licht ist für guten Pflanzenwuchs und für das Wohlbefinden der Fische und vieler Mikroorganismen unentbehrlich. Fische brauchen u.a. Licht zum Skelettaufbau (Vitamin-D3-Synthese), für Haut, Stoffwechsel und Wohlbefinden, sodass sie ihre schönsten Farben zeigen.
Wählen Sie eine Abdeckung mit Reflektor und möglichst mehreren Leuchtstoffröhren. Pro Liter Wasser brauchen Sie 0,4 – 0,7 Watt bzw. pro 10 cm Wassertiefe eine Röhre. Günstig für das Pflanzenwachstum ist die Kombination von mehreren Lichtfarben, die denen des Sonnenlichts nahe kommen (Vollspektrum).
Kalttonlampen mit hohem Blauanteil regulieren das Längenwachstum, Warmtonlampen mit hohem Rotanteil das Breitenwachstum. Für oben offene Becken eignen sich HQL-Lampen.

Mit Hilfe der Technik entstehen fischfreundliche Bedingungen.

Aus oben offenen Becken können die Pflanzen hinauswachsen.

Fischgerecht und schön

Das Aquarium einrichten

Dank der richtigen Technik fühlen sich die Fische im Aquarium wohl. Pflanzen und Dekoration sorgen dafür, dass das Aquarium wie ein grünes Bild wirkt. Reinigen Sie das Becken innen und außen gründlich mit Essig, spülen es nach und trocknen es ab, bevor Sie es aufstellen. Prüfen Sie am vorgesehenen Standort mit einer Wasserwaage, ob das Becken waagrecht steht. Zur Sicherheit und Wärmedämmung legen Sie unter das Aquarium eine 0,5 – 1 cm dicke Isolierplatte oder -matte. Steht das Becken in einem kühlen Raum, werden die Außenseiten ebenfalls isoliert.

Die Rückwand

Eine Aquarien-Rückwand vermittelt Tiefe und Natürlichkeit. Für kleinere Aquarien empfehlen sich Fotorückwände (mit ruhigen, natürlich wirkenden Motiven), die von außen anzubringen sind.

Ist mehr Tiefe vorhanden, vermitteln tiefgezogene Rückwände den natürlichsten Eindruck, wenn sie Patina angesetzt haben. Im Becken muss die Rückwand lückenlos am Glas anliegen. Sie lässt sich aber auch mit einem einfachen Rahmen hinter dem Becken platzieren.

In dicht bepflanzten und schön gestalteten Aquarien fühlen sich Neonsalmler wohl.

Weitere Ausstattung

Unter große Steine oder Felsaufbauten kommen Styroporplatten für den sicheren, unverrückbaren Stand.
Als nächstes installieren Sie das technische Zubehör wie Filter, Heizer und CO_2-Anlage exakt nach den Gebrauchsanweisungen, nehmen es aber noch nicht in Betrieb.

Der richtige Bodengrund

Für üppigen Pflanzenwuchs brauchen Sie kalkfreien Aquarienkies mit einer Körnung von 3–5 mm. Alles andere schadet nur. Der Fische wegen sollte er möglichst rund (nie scharfkantig!) und von gedeckter Farbe sein. Bevor Sie ihn in das Becken füllen, sollten Sie ihn gründlich waschen.
Wenn Sie Panzer- oder Harnischwelse halten wollen, wird rund 1/3 der Bodenfläche (Vorder- oder Mittelgrund) mit rundem Kies (1–2 mm) ungefähr 3 cm hoch gefüllt. Ansonsten bringen Sie den Kies ca. 1–2 cm hoch ein. Darauf verteilen Sie gleichmäßig einen eisenhaltigen Depotdünger (Langzeitdünger) und decken ihn mit 3–5 cm Kies ab. Der Optik wegen und zum besseren Absaugen von Mulm soll der Bodengrund nach hinten etwas ansteigen.

Wurzeln, Steine und Verstecke

Viele Fische brauchen Wurzeln (z. B. Saugwelse als Weide) und Steine als Versteck. Geeignet sind Basalt, Granit, kalkfreier Schiefer oder Steinholz.
Alle Wurzeln aus dem Zoogeschäft sollten sandgestrahlt und möglichst schwer sein. Wässern Sie die Wurzeln, bis kein Auftrieb mehr vorhanden ist. Frisches Holz aus dem Wald eignet sich nicht, da es fault und erheblichen Auftrieb hat.

Der Bodengrund sollte nach hinten etwas ansteigen.

Auch Fischverstecke aus Ton sowie braunes Buchenlaub wässern Sie vor der Verwendung. Legen Sie sie auf pflanzenlose Freiflächen.
Für Fische, die im Boden laichen oder ihn als Lebensraum brauchen (z. B. Killifische), gestalten Sie den Bodengrund artgerecht mit Feinsand und Torffasern. Für Malawi- und Tanganjikaseebecken eignen sich Kalklochsteine am besten.

Die Rückwand kann im oder hinter dem Becken angebracht werden.

Gestalten macht Spaß

Eine Dekorationsskizze und ein Bepflanzungsplan erleichtern die Entscheidung, wohin Pflanzen, Wurzeln und Steine kommen. Die Natur und die Aquarienfotos im Buch bieten Anregungen für die eigene Kreativität. Dabei sollten die Bedürfnisse der Fische im Vordergrund stehen.

Es geht los

Das Aquarium in Betrieb nehmen

Die Fische werden erst eingesetzt, wenn kein Nitrit mehr nachweisbar ist und der Nitratgehalt unter 40 mg/l liegt.

Wasser einfüllen

Schon während des Einpflanzens füllen Sie das Becken zu 1/3 mit temperiertem Wasser (ca. 23 °C) – am besten mit einer Gießkanne mit feiner Brause. Damit nichts aufgewirbelt wird, lassen Sie das aufbereitete Wasser langsam über einen tiefen Teller einströmen. Sind alle Wasserpflanzen am richtigen Platz, füllen Sie das Aquarium vorsichtig bis ca. 2 cm unter die Beckenkante auf. Alles, was losgelöst herumschwimmt, schöpfen Sie mit einem Netz ab.

Das Wasser aufbereiten

Frisches Leitungswasser kann aggressive fisch- und pflanzenfeindliche Stoffe enthalten (Chlor, Kupfer etc.) – vor allem am frühen Morgen. Daher ist es sinnvoll, ein Wasseraufbereitungsmittel aus dem Zoofachhandel hinzuzugeben, das diese Stoffe neutralisiert.

Wasser fürs Aquarium entnehmen Sie erst dann aus der Leitung, wenn vorher viel Wasser für andere Zwecke abgelaufen ist.

Ist Ihr Leitungswasser zu hart, muss es enthärtet werden (s. S. 19). Gute Zoofachgeschäfte bieten enthärtetes Wasser an. Damit das Becken von Anfang an gut „einfährt“, geben Sie so genannte Startbakterien zu, ohne die kein natürlicher Schadstoffabbau (z. B. im Filter) möglich ist (s. S. 12). Dies verkürzt die Einfahrphase, bis Fische eingesetzt werden können, erheblich.

Einschalten und überwachen

Anschließend gehen die Geräte (Filter, Heizung etc.) ans Netz. Kontrollieren Sie nach 3–4 Stunden, ob alle Geräte einwandfrei funktionieren. Die Beleuchtung programmieren Sie am besten über eine Zeitschaltuhr so, dass sie morgens gegen 9 oder 10 Uhr einschaltet und dann 10 bis 12 Stunden brennt.

Sicherheit für Ihr Aquarium

- Stabilität von Standort und Unterschrank prüfen.
- Auf TÜV-, VDE- und GS-Zeichen achten.
- FI-Schalter vor der Stromzufuhr einbauen lassen (unterbricht bei Gerätedefekt die Stromzufuhr).
- Vor allen Arbeiten am Aquarium Gerätestecker ziehen!
- Rückschlagventil hinter Luftpumpe und CO_2-Depot einbauen.
- Schlauchverbindungen und Filter regelmäßig auf Dichte prüfen.
- Silikonverbindungen nur mit Filterwatte reinigen, da Klingen die Verbindungen beschädigen können.

Wenn die Pflanzen eingewachsen sind, ergibt das ein attraktives Gesamtbild.

Der Sicherheitstest

Der CO_2-Dauertest ist ein „Muss" für jedes Aquarium. Mit diesem Test wird nach Inbetriebnahme des Aquariums der pH-Wert gemessen, nach ca. 30 Minuten wird der CO_2-Status angezeigt; grün ist optimal. Wenn die Farbskala in den gelben Bereich kommt, ist der pH-Wert zu niedrig und zu viel CO_2 im Wasser, was höchste Gefahr für die Fische bedeutet (Säuresturz). Bei dunkler Blaufärbung ist der pH-Wert zu hoch, und die Pflanzen erhalten nicht genug CO_2 zur Photosynthese; sie produzieren dann zu wenig Sauerstoff und wachsen nicht mehr.

→ Aquarienpass

Maße/Wasserinhalt:
Eingerichtet am:
Filtertyp:
Düngesystem:
Röhrentyp:
Nächster Röhrenwechsel am:
1. Fischbesatz am:
Fischarten:
Fische zugekauft am:
Fischarten:
Zoofachhändler:

EXTRA

Schnelle Hilfe bei Wasserproblemen

→ Die häufigsten Wasserprobleme

Problem	*Ursache*	*Abhilfe*
Das Wasser ist trüb.	Massenvermehrung von Infusorien oder Schwebealgen; abgestorbene Fische oder Schnecken; aufgewirbelter oder gärender Bodengrund; Überfütterung; überlastetes Filtermaterial.	Infusorien oder Schwebealgen mit UV-Lampe bekämpfen. Filtermaterial austauschen, evtl. Filterkohle zugeben. Präparate aus dem Zoofachhandel.
Graue, schmierige Haut auf der Wasseroberfläche.	Bakterien wegen zu geringer Oberflächenbewegung.	Teilwasserwechsel plus Wasseraufbereitungsmittel; Oberflächenabsauger vor den Filter schalten; Filterauslauf so einstellen, dass die Wasseroberfläche aufgerissen wird.
Wasser riecht muffig, faulig.	Faulender Bodengrund; zu wenig Wasserwechsel; altes Filtermaterial.	Bodengrund überprüfen, ggf. austauschen; häufiger einen Teil des Wassers wechseln; Filtermaterial austauschen, evtl. Filterkohle zugeben. Regelmäßig Mulm absaugen.
Wasser ist gelb-braun.	Zu viele Ausscheidungen und humin- und gerbsäurehaltige Substanzen.	Teilwasserwechsel; pH, Nitrit und Nitrat regelmäßig kontrollieren. Kohlefilterung entfernt die Färbung, nicht aber alle Stoffe.
Bodengrund ist schwarzbraun, faulig riechende Blasen steigen auf. Pflanzen faulen von unten, Wurzeln werden schwarz.	Falsche Bodenzusammensetzung; faulende Stoffe (Torf, Erde usw.). Zu feiner Kies, zu hohe Schicht, daher schlechter Wasserdurchsatz.	Bodengrund austauschen. Körnung 3–5 mm, 7 cm hoch. Bodengrunddünger.

Problem	*Ursache*	*Abhilfe*
Schnecken sterben.	Medikamente oder unverträgliche Wasserzusätze; Schnecken fressende Fische.	Wasserwerte kontrollieren und ggf. verbessern. Während Medikamentenbehandlung Schnecken separat unterbringen.
Wasser ist zu sauer. (pH zu niedrig; S. 25)	Zu wenig Karbonathärte (KH), zu viel Säurebildner, zu viel CO_2, Säuresturz.	Teilwasserwechsel, stark durchlüften, CO_2 prüfen (Dauertest).
Wasser ist zu alkalisch. (pH zu hoch; S. 25)	Zu viel Härtebildner, kalkhaltiges Dekomaterial, Ausgangswasser zu hart.	Härte auf 3° senken (durch Teilwasserwechsel mit vollentsalztem Wasser). Über Torf filtern. CO_2 prüfen und ggf. Torfextrakt zugeben.
Wasser ist zu weich. (Härte S. 25)	Zu wenig Karbonathärte im Ausgangswasser.	Teilwasserwechsel mit Wasser höherer Karbonathärte. Härtebildner aus dem Zoofachhandel zugeben.
Wasser ist zu hart. (Härte S. 25)	Leitungswasser ist zu hart; kalkhaltiges Deko- oder Filtermaterial.	Teilwasserwechsel mit vollentsalztem Wasser oder Enthärtungssystem verwenden. Über Torf filtern.
Deckscheiben haben harten, grauen Belag.	Kalkablagerungen durch Wasserverdunstung, besonders bei hohen KH-Werten.	Deckscheibe abnehmen, mit Salzsäure (10–20%) oder Essig reinigen. Kalkränder im Becken mit mechanischem Scheibenreiniger entfernen. KH-Werte prüfen und ggf. korrigieren.

Auf einen Blick

Mein Pflegeplan

Täglich

- Prüfen Sie die Funktion der technischen Geräte (auch CO_2-Dauertest und CO_2-Zufuhr am Blasenzähler).
- Prüfen Sie den Wasserdurchfluss durch den Filter und die Schlauchanschlüsse.
- Füttern Sie die Fische und beobachten Sie, ob sie gesund sind und Appetit haben.
- Inspizieren Sie die Pflanzen.

Wöchentlich

- Tauschen Sie alle 1–2 Wochen 1/5 bis 1/4 des Beckenwassers gegen Leitungswasser aus und geben Sie ein Wasseraufbereitungsmittel zu.
- 2 Tage später geben Sie Standarddünger (mit Kalium) zu und tauschen die CO_2-Dauertest-Reagenz aus.
- Alle 1–2 Wochen testen Sie Karbonathärte, pH, Eisen und Sauerstoff – möglichst immer zur gleichen Tageszeit.
- Säubern Sie die abgenommene Deckscheibe und den oberen Beckenrand vorsichtig mit 10%iger Salzsäure.
- Putzen Sie die Scheiben mit einem Algenmagnet oder Scheibenreiniger.
- Entfernen Sie gelbe Blätter und Pflanzenreste.
- Säubern Sie den Futterring.

Monatlich

- Messen Sie die Sauerstoffzehrung (s. S. 26), testen Sie den Nitratgehalt (bei mehr als 40 mg/l Nitrat 1/3 Wasser wechseln).
- Saugen Sie den Mulm ab.
- Säubern Sie, je nach Verschmutzungsgrad, einen Teil des Filtermaterials mit lauwarmem Wasser oder erneuern Sie ihn; geben Sie ein Bakterienpräparat zu.
- Kürzen Sie Stängelpflanzen ein und setzen Sie Kopfstecklinge und zu lang gewordene Seitentriebe neu.
- Lichten Sie die Schwimmpflanzen aus.
- Kontrollieren Sie den CO_2-Vorrat.

In größeren Abständen

- Säubern Sie alle 3 Monate den Pumpenkopf des Filters.
- Tauschen Sie alle 8–10 Monate die Leuchtstoffröhren aus (nicht alle auf einmal, sondern mit einer Woche Abstand).
- Frischen Sie einmal jährlich die Bodengrunddüngung mit Düngekugeln auf.

2

Bepflanzen und pflegen

Fischgerecht aufbereiten

Wasser und Wasserpflege

Wasser ist das Element, in dem alle Organismen im Aquarium existieren. Als gutes Lösungsmittel wird es von den enthaltenen Stoffen geprägt, die mit dem bloßen Auge oft nicht zu sehen sind. Im Aquarium finden zudem Prozesse statt, die das Wasser verändern können. Über all dies gibt nur eine chemische Analyse Auskunft. Alle Stoffe im Wasser beeinflussen das Wohlergehen und die Fortpflanzung der darin lebenden Organismen: Tiere, Pflanzen und Mikroorganismen.

Wie in der Natur

Die Aquarienfische stammen zumeist aus tropischen Gewässern und sind an die Wasserverhältnisse ihres natürlichen Lebensraumes angepasst.

Nach dem Zusammenfluss durchmischt sich Schwarz- und Weißwasser erst allmählich.

Schaffen wir optimale Lebensbedingungen in unserem Aquarium, die denen des natürlichen Lebensraumes entsprechen, wird es den Fischen gut gehen. Ein gewisser Spielraum ist möglich, weil auch in der Natur von Ort zu Ort und jahreszeitlich bedingt Unterschiede in Temperatur und Wasserzusammensetzung auftreten, doch es sollte nur wenig Abweichungen geben. Zur Überprüfung gibt es hervorragende Analytik- und Wasseraufbereitungsprodukte im Zoofachhandel.

Gesamthärte GH

Sie ist die Summe aller im Wasser gelösten Erdalkali-Ionen und wird durch den Gehalt an Kalzium- und Magnesiumsalzen bestimmt, die mit dem GH-Test erfasst werden.
Die Gesamthärte gelangt aus dem Leitungswasser und durch das Dekorationsmaterial, das Härtebildner abgibt, ins Wasser.
Gesenkt werden kann die Gesamthärte durch Zugabe von Wasser aus Umkehrosmose- oder Vollentsalzungsanlagen.
Die GH beeinflusst Kondition, Krankheitsanfälligkeit und Stoffwechsel, Nerven- und Enzymaktivität, Skelett- und Zellaufbau und die Fortpflanzungsbereitschaft der Fische. Magnesium ist für die Enzymaktivierung zuständig, ein Mangel führt zu Störungen bei der Muskelkontraktion und Blutgerinnung.

Vorbild für unser Aquarium sind die Wasserwerte in der Heimat der Aquarienfische.

Karbonathärte KH

Sie ist die Summe des gelösten Hydrogenkarbonats (Bikarbonats) im Wasser und wird besser als Säurebindungskapazität bezeichnet. Durch die Wechselwirkung mit dem pH-Wert hat die KH entscheidenden Einfluss auf das Wohlbefinden der im Wasser lebenden Organismen: Sie wirkt als pH-Puffer und verhindert ein zu starkes und schnelles Absinken des pH-Wertes, was zum tödlichen Säuresturz führen würde.
KH wird durch CO_2, Säuren und biogene Entkalkung beeinflusst.
3–10 °KH sind optimal. Cichliden aus dem Malawi- und Tanganjikasee brauchen über 10 °KH. Diese Werte sollten um nicht mehr als 3° über- bzw. unterschritten werden.

→ Die Wasserhärte

0–7 °dGH	weich
8–14 °dGH	mittelhart
15–21 °dGH	hart
über 21 °dGH	sehr hart

→ Der pH-Wert

0	sehr sauer
7	neutral
14	sehr basisch

pH-Wert

Er resultiert aus allen im Wasser gelösten sauren und basischen (alkalischen) Stoffen. Das Maß für die Ionenkonzentration ist logarithmisch, d. h., eine pH-Änderung von z. B. 6 auf 7 bedeutet eine 10-fache, eine Änderung um 2 Stufen eine 100-fache Konzentrationsänderung. Die Fische können auf solch krasse Veränderungen mit deutlichem Unbehagen oder gar dem Tod reagieren. Halten Sie daher bitte die in den Fischbeschreibungen angegebenen Werte ein! Ein CO_2-(pH)-Dauertest schafft Sicherheit. Unzuträgliche pH-Werte führen zu Schäden an den Ausscheidungsorganen, Eiweißgerinnung, Kiemenverätzungen, Schleimhautschäden, Flossenklemmen, Schwimmproblemen, Stress, Krankheitsanfälligkeit und verminderter Fortpflanzung.

Darauf kommt es an

Temperatur und Sauerstoffgehalt

Temperatur

Auch die Wassertemperatur muss den Bedürfnissen unserer Fische entsprechen. Zu niedrige Temperaturen verlangsamen den Stoffwechsel der wechselwarmen Tiere und führen zum Tod, zu hohe beschleunigen ihn, bedeuten Stress, eine geringere Lebenserwartung und verringern den Sauerstoffgehalt des Wassers. Schnelle Temperaturveränderungen führen zu Stress, Dunkelfärbung, Schreckhaftigkeit, verstärkter Atmung und Gasblasenkrankheit. Halten Sie daher die angegebenen Temperaturen auf +/–2°C ein!

Sauerstoff

Fische, Pflanzen und Mikroorganismen benötigen Sauerstoff zum Leben, den die grünen Pflanzen durch die Fotosynthese produzieren. Der mögliche Gehalt im Wasser ist von der Temperatur abhängig. Die Sauerstoffsättigung sollte immer mindestens 80% der Werte in der Tabelle betragen; unter 50% gibt es Probleme. Sauerstoffmangel führt zu Verblassen und Appetitlosigkeit, Unruhe, Luftschnappen, Taumeln und Krankheitsanfälligkeit.

Sauerstoffmangel

Zu Sauerstoffmangel können führen:

- schlechter Bodengrund, Mulm, ungepflegter Filter,
- zu viele Fische, zuviel Fischfutter,
- Atmung der Fische, Atmung der Pflanzen in der Nacht,
- Lichtmangel, zu wenig Pflanzen,
- (tote) Algen,
- tote Schnecken,
- sauerstoffzehrende Stoffe wie z.B. Heilmittel,
- zu hohe Temperaturen.

Abhilfe schaffen:

- Belüftung,
- Teilwasserwechsel,
- Abstellen der Negativfaktoren,
- Filterpflege,
- mehr Pflanzen, optimale Beleuchtung.

Sauerstoffzehrung

Sie ist ein Maß für die organische Belastung des Wassers. Man misst den Sauerstoffgehalt und füllt dann unter Wasser einen Messzylinder, der 48 Stunden bei 25°C dunkel aufbewahrt wird. Dann wird auch hier die Sauerstoffkonzentration gemessen und zum Ausgangswert ins Verhältnis gesetzt. Über 20% Abnahme des Sauerstoffgehaltes (= Zehrung) sind bedenklich.

Messen der Wasserwerte im natürlichen Lebensraum

→ Die Sauerstoffsättigung

°C	maximale Sättigung (100%)
15	10,6 mg
20	9,1 mg
25	8,3 mg
30	7,6 mg
35	6,9 mg

Üppig wachsende Pflanzen produzieren den für die Fische lebensnotwendigen Sauerstoff.

Die Bewegung der Wasseroberfläche sorgt für den erforderlichen Gasaustausch.

Wann Fische einsetzen?

Unmittelbar nach dem Einrichten des Aquariums sind die Pflanzen noch nicht richtig angewachsen, das Wasser ist oft trüb und biologisch noch nicht einwandfrei. Die wichtigen Bakterien in Bodengrund, Filter und Becken haben sich noch nicht in ausreichendem Maße vermehrt, um anfallende Stickstoffverbindungen abbauen zu können: Organische Substanzen (Kot und Urin der Fische, Futterreste, abgestorbene Pflanzenteile usw.) zersetzen sich im Wasser zu Ammonium und Ammoniak, das durch die Bakterien Nitrosomonas und Nitrobacter über giftiges Nitrit zu Nitrat abgebaut werden. Dabei wird Sauerstoff verbraucht (siehe Schema).

Warten Sie nach der Neueinrichtung noch ca. 2 Wochen, ehe Sie die ersten Fische einsetzen. Erst wenn der Nitrittest kein Nitrit mehr nachweisen kann, können die Fische einziehen. Das anfallende Nitrat wird beim regelmäßigen Teilwasserwechsel aus dem Wasser entfernt. Der Nitratgehalt soll unter 40 mg/l liegen.

Tipp

Schnell gutes Wasser

Sie können die Einlaufphase verkürzen, indem Sie ein Bakterienpräparat aus dem Zoofachhandel und etwas gebrauchtes Filtermaterial bzw. Bodengrund zugeben.

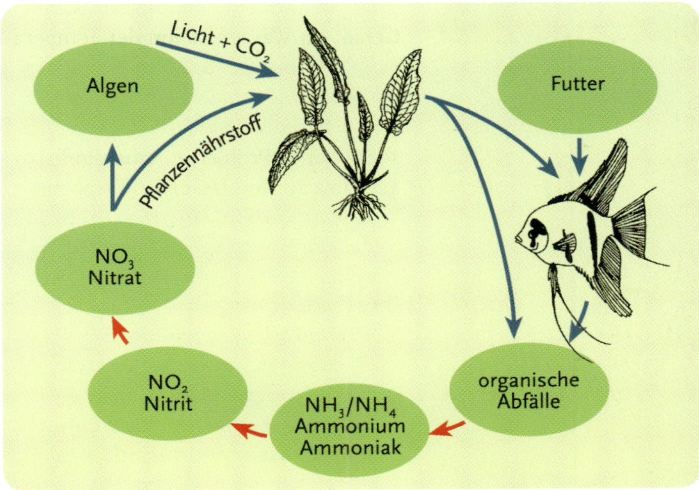

Grüne Oase

Pflanzen im Aquarium

Schön und abwechslungsreich bepflanzte Aquarien sind mehr als nur eine attraktive Dekoration in der Wohnung. Als Sauerstoffproduzenten erfüllen Wasserpflanzen auch wichtige Aufgaben für die Wasserqualität im Aquarium. Darüber hinaus gestalten sie den Lebensraum der Fische, bieten Nahrung, Verstecke und Laichplätze.

Tipp

Kleine Pflanzengrüppchen

Setzen Sie alle Pflanzen in kleinen Gruppen, außer den Solitärpflanzen. Stängelpflanzen wirken von vorn nach hinten abgestuft am besten.

Wasserpflanzen gestalten Lebensräume.

Nützliche Wasserpflanzen

- Sie produzieren lebenswichtigen Sauerstoff,
- entgiften das Wasser,
- manche wirken antibiotisch,
- verwerten Abfallstoffe und bauen dabei schädliche Stickstoffverbindungen ab;
- ihre Wurzeln halten den Bodengrund locker,
- sie sind Nahrungskonkurrenten der Algen,
- dienen manchen Fischen als Nahrung,
- dienen als Verstecke, Reviergrenzen, Laichsubstrat,
- bieten Lebensraum für Kleinlebewesen,
- sind wunderschöne Dekorationselemente,
- gestalten Lebensräume, die der Natur ähneln,
- lassen sich vermehren.

Mit Pflanzen gestalten

Kurze, niedrige, rasenartig wachsende Pflanzen rücken in den Vordergrund. Halbhohe Pflanzen zieren die Seiten und umsäumen Freiräume im Mittelgrund. Solitärpflanzen brauchen Platz, um zu wirken. Hohe Pflanzen wirken im Hintergrund und vermitteln den Eindruck einer grünen Bühne.

Vorbereiten

Achten Sie beim Kauf auf einwandfreie, kräftige Pflanzen und entfernen Sie Schmutz, welke Blätter und das Substrat (Steinwolle) aus den Töpfen; ebenso Schneckenlaich (Gallert) und Algen. Kürzen Sie angefaulte Stiele ein und schneiden Sie braune und dicke Wurzeln bis auf ca. 3 cm zurück.

Einpflanzen

Bohren Sie mit dem Finger ein Loch in den Bodengrund und setzen Sie die Wurzeln oder Stiele ein, ohne sie zu quetschen. Der Austrieb sollte oberhalb des Substrats bleiben.

Die Stängelpflanzen werden so gesetzt, dass sich die Blätter nicht überlappen. Knollen, Zwiebeln und Rhizome bleiben zu 1/3 vom Kies unbedeckt. Javamoos und -farn sowie *Anubias* werden mit einem unauffälligen Wollfaden auf Stein oder Holz gebunden. Verwenden Sie keine Bleiklammern oder Bleidraht, die das Wasser belasten.

In Südostasien werden Wasserpflanzen in Handarbeit gezogen und kultiviert.

Richtige Pflanzenpflege

Schwimmpflanzen dürfen wegen des Lichts nur 10–20 % der Wasseroberfläche bedecken. Lichten Sie also rechtzeitig aus und „bändigen" Sie die Pflanzen in einem Futterring. Wasserlinsen werden sofort abgefischt. Stängelpflanzen können Sie gut mit einem scharfen Messer einkürzen und die oberen Enden wieder neu setzen.

Pflanzenernährung

Der bei der Einrichtung des Aquariums eingebrachte Langzeitdünger reicht auf Dauer nicht aus, denn die Pflanzen entziehen dem Wasser über ihre Wurzeln und Blätter Nährstoffe. Geben Sie daher bei jedem Wasserwechsel einen Spezialdünger (der auch Kalium enthält) nach Gebrauchsanweisung hinzu.

Das schnell verbrauchte und oxidierende Eisen wird möglichst täglich zugegeben (regelmäßig mit Fe-Test messen). Außerdem brauchen die Pflanzen CO_2 in Gasform. Der Zoofachhandel bietet dafür einfach zu bedienende Dosiersysteme für jeden Aquarientyp an – bis hin zur High-tech-Ausführung mit automatischer Steuerung. Achten Sie beim Kauf von CO_2-Depot-Anlagen auf Qualität!

Attraktive Kontraste in Blattfarbe und -struktur

Wasserwert	Leitungswasser	Idealwert *	Datum	Datum	Datum
Temperatur					
Karbonathärte KH					
Gesamthärte GH					
pH-Wert					
Nitrit NO_2		0			
Nitrat NO_3		unter 40 mg/l			
Sauerstoff O_2		über 80 %			
Eisen Fe		0,1 mg/l			
Phosphat PO_4		unter 0,1 mg/l			
Kohlensäure CO_2		bis 10 mg/l			

*hier die Ansprüche der gewünschten oder gepflegten Fischarten eintragen

Wer mit wem?

Aquarienfische richtig auswählen

Aquarienfische sind die Hauptdarsteller in unserem Aquarium. Damit es ihnen gut geht und Sie viel Freude an ihnen haben, erfahren Sie nun, was Fische alles brauchen.

Nur noch wenige Aquarienfische werden in der Natur gefangen.

Die richtige Fischauswahl

Wer die Wahl hat, hat die Qual. Wenn Sie im Zoofachgeschäft vor den Becken mit den bunt schillernden Aquarienfischen stehen, sollten Sie wohlüberlegt auswählen und Ihre Sammelleidenschaft zügeln. Denn nicht alles, was gefällt, ist für den Erstbesatz des Aquariums geeignet.

Tipp

Die optimale Gesellschaft

Schon beim Kauf des Beckens, spätestens vor dem Einrichten sollten Sie entscheiden, welche Fischarten Sie halten wollen. Denn eine wahllos zusammengewürfelte „Fischgesellschaft" wird Ihnen auf Dauer keine Freude bereiten. Oftmals harmonieren die Fische nicht miteinander oder fühlen sich nicht wohl, weil sie unterschiedliche Bedürfnisse haben.

Beachten Sie bei der Auswahl und Vergesellschaftung der Fische folgende Punkte:

- Alle Fischarten müssen die gleichen Temperatur- und Wasseransprüche stellen.
- Schwarmfische fühlen sich im Schwarm am wohlsten (mindestens 6 Tiere).
- Alle Wasserzonen mit jeweils nur wenigen Arten besetzen.
- Kein Aquarienbewohner darf dem anderen nach dem Leben trachten oder ihn dauerhaft jagen bzw. Unruhe stiften.
- Manche Fische kann man nur einzeln pflegen (z. B. Kampffischmännchen).
- Zum Erstbesatz gehören immer algenfressende Fische, z. B. *Otocinclus*.
- Auch im Hinblick auf die Futteransprüche sollen die Fische zusammenpassen.
- Anfangs nur Fische kaufen, die einfach zu pflegen sind. Falls die gewünschten Arten in diesem Buch nicht aufgeführt sind, folgen Sie bitte den ausdrücklichen Empfehlungen Ihres Zoofachhändlers. Zusätzlich können Sie sich in der weiterführenden Literatur (s. S. 72) über die Fischarten informieren.
- Das Aquarium nie überbesetzen. Faustregel: 1 cm Fisch pro Liter Wasser.

Die Fische sollen auch nicht an der Wasseroberfläche nach Luft schnappen, weder schaukeln noch sich winden oder an Dekorationsmaterial scheuern. Der Kot, wenn welcher zu sehen ist, soll dunkel und geformt sein, nicht grau und fädig.
Gesunde Fische stürzen sich auch beim Zoofachhändler auf angebotenes Futter.

Süßwassergarnelen lassen sich mit kleinen Fischarten zusammen pflegen.

Beim Fischkauf beachten

Achten Sie darauf, dass die Fische in der Aquarienanlage des Zoofachhändlers munter und quicklebendig mit gespreizten Flossen umherschwimmen. Körper und Flossen sollen frei von grauen, roten oder blutunterlaufenen Stellen, Verletzungen, Belägen und kleinen weißen Pünktchen sein – die Fische sollten optisch kräftig (nicht eingefallen) und rundum gesund aussehen.

Tipp

Mitbewohner im Aquarium

Weitere interessante Tierarten, die sich mit den geschilderten Fischen gut vertragen, sind Süßwassergarnelen, Apfelschnecken und Zwergkrallenfrösche. Besonders die Garnelen sind ideale Partner für friedliche Fische.

Je größer das Becken, umso mehr Fischarten können eingesetzt werden.

Gesunde Ernährung

Fische richtig füttern

Die Lebensdauer, Fitness und Farbenpracht sowie die Fortpflanzungsfähigkeit der Fische hängen von der Qualität und Menge ihrer Nahrung ab.

Fertigfutter

Für unsere Aquarienfische haben Wissenschaftler Futtermittel entwickelt, die durch ihre ausgewogene Zusammensetzung und fischgerechte Darreichungsform der natürlichen Nahrung entsprechen und in ihrer Wertigkeit dieser durch gleichbleibende Qualität sogar überlegen sind – gleich ob Flocken, Granulat oder Futtertabletten. Sie enthalten alle wichtigen Nährstoffbausteine, Aminosäuren, Mineralstoffe, Spurenelemente und Vitamine. Achten Sie beim Kauf darauf, dass das Fischfutter in einer luftdichten, feuchtigkeits- und lichtgeschützten Verpackung möglichst frisch angeboten wird.
Gutes Futter wird gierig gefressen. Es schwimmt lange genug oben (für Oberflächenfische), sinkt ganz langsam (für die Fische der mittleren Wasserzone) und bleibt am Boden lange genug kompakt, sodass auch die Bodenfische noch genügend Nahrung finden. Auch für Jungfische und Nahrungsspezialisten gibt es spezielle Futtersorten.
Hauptfutter und Tabletten dürfen nicht das Wasser trüben.

Rote Mückenlarven werden von den meisten Fischen gern gefressen.

Weiße Mückenlarven kommen nur in sauberen Gewässern vor.

Wasserflöhe sind geeignetes Lebendfutter für etwas größere Aquarienfische.

Lebendfutter

Es gibt aber auch fleischfressende Arten wie Piranhas, manche Hechtlinge und einige Barsche, die auch den Bewegungsreiz zum Beutefang brauchen. Sie benötigen Lebendfutter. Für sie werden im Handel Bachröhrenwürmer (Tubifex) angeboten – allerdings immer seltener, weil sie aus stark verschmutzten Gewässern stammen. Leider eignen sich die Futtertiere aus natürlichen Gewässern wegen ihrer Verschmutzung immer weniger.

Zudem sind viele Gewässer geschützt oder an Angler bzw. Nutzfischzüchter verpachtet. Und vielerorts sind „Tümpler“ nicht gerne am Wasser gesehen. Wasserflöhe und Cyclops sind schon recht selten geworden. Ebenso die Larven der Büschelmücken (Rote Mückenlarven), die nur gut gewässert in Maßen gefüttert werden sollten. Schwarze Mückenlarven stellen eine gute Nahrung dar. Nur schlüpfen sollten sie nicht, weil die erwachsenen Weibchen stechen.
Der Natur entnommenes Futter bringt leider die Gefahr mit sich, dass man sich ungebetene Gäste wie Krankheitserreger und Parasiten, Schnecken und Hydren einschleppen kann.

Spezialfutter

Einen Kompromiss zwischen „natürlicher Nahrung“ und Fertigfutter stellen tiefgefrorene Futtertiere dar. Tauen Sie sie vor dem Verfüttern in einem Netz unter fließendem Wasser auf und reichern Sie sie mit Flüssigvitamin aus dem Zoofachgeschäft an. Großfische lieben auch größere Brocken. Für sie gibt es großes Frostfutter, Regen- oder Mehlwürmer, Grillen usw. zu kaufen.

Wie und wann füttern?

Um den Beutetrieb und die Fangreflexe der Fische anzusprechen, sollten Sie das Futter nicht nur abwechslungsreich zusammenstellen, sondern auch an wechselnden Stellen im Aquarium anbieten. Am besten geht dies mit einem Dosierlöffel oder Futterspender. Um eine Überfütterung zu vermeiden, geben Sie nur so viel, wie in wenigen Minuten verzehrt wird. Mehrmals täglich wenig zu füttern, ist besser als einmal zu viel. Die Uhrzeit ist dabei egal. Eine Stunde vor dem Ausschalten des Lichts wird allerdings nichts mehr gegeben.
Nur dämmerungs- und nachtaktive Fische füttern Sie erst nach dem Ausschalten des Lichts. Das indirekte Licht des Wohnraums reicht ihnen, um sich über die Nahrung herzumachen.

Beim Fang von Lebendfutter aus Teichen und Tümpeln können Krankheiten eingeschleppt werden.

Der Futterspaß

Gönnen Sie sich die Zeit, Ihre Fische bei der Nahrungsaufnahme zu beobachten. So bringen Futtertabletten, die Sie an die Scheibe drücken können, richtig „Leben“ in die Fischgesellschaft. Tablettenfutter auf dem Boden ruft sofort die Heimlichtuer – Welse, aber auch Schnecken oder Garnelen – auf den Plan, die man sonst selten sieht.

Tabletten bieten Futterspaß für Fisch und Pfleger.

EXTRA
Schnelle Hilfe bei Pflanzenproblemen

→ *Die häufigsten Pflanzenproblemen*

Problem	*Ursache*	*Abhilfe*
Blätter haben Löcher.	Fraßstellen durch Fische oder Schnecken; Mangelerscheinungen.	Verursacher ermitteln, eventuell Pflanzen austauschen. Pflanzendünger wechseln. Regelmäßiger Teilwasserwechsel gegen zu hohe Nitratwerte.
Pflanzen werden gelb, wachsen nicht.	Nährstoffmangel; zu wenig CO_2; Bodengrund fault. Zu wenig Licht.	Gute Volldünger; CO_2-Menge erhöhen; Leuchtstoffröhren mit 3 Tagen Abstand erneuern (sie verlieren nach 6–8 Monaten Lebensdauer erheblich an Leuchtkraft!).
Wasserkelche faulen ab.	Wasserschock; Nitratüberschuss; Bakterien; Lichtschock durch gleichzeitiges Wechseln aller Röhren.	Teilwasserwechsel; über Torf filtern; Wasseraufbereitungsmittel.
Blätter liegen flach auf dem Boden.	Falsche Lichtfarbe oder Röhre.	Lampen oder Röhren mit höherem Blauanteil.
Stängel wachsen übermäßig in die Höhe, sind blass oder gelb.	Falsche Lichtfarbe; zu wenig Licht; zu kurze Beleuchtungsdauer; zu wenig CO_2; mangelhafte Düngung. Eisenmangel.	Beleuchtung optimieren (evtl. mehr Rotanteil); CO_2 erhöhen; guter Volldünger; ggf. Eisendünger.
Schwimmpflanzen wachsen nicht, sterben ab.	Zu wenig Licht; Abstand zur Deckscheibe zu gering; verschmutzte Deckscheibe.	Deckscheibe reinigen, Schwitzwasser entfernen; mehr Licht; evtl. offenes Becken mit Hängelampe.

Problem	*Ursache*	*Abhilfe*
Blattläuse an Pflanzenteilen über Wasser.	Blattlausfreundliches Milieu.	Pflanzenteile kurz untertauchen; Labyrinthfische und Formosa-Kärpflinge fressen die Blattläuse. Keine Chemie!
Algen treten in Form von schmierigen, blau schimmernden Teppichen auf Scheiben, Dekorationsmaterial und Bodengrund auf.	Gestörte Wasserverhältnisse durch zu wenige Wasserpflanzen, zu viele Fische, Überfütterung, zu viel phosphathaltigen Dünger, hohe Nitratwerte, zu wenige Teilwasserwechsel. Blaualgenwuchs durch zu alkalisches Wasser.	Die Algenteppiche absaugen. Mehr Pflanzen einbringen. pH-Wert überprüfen und ggf. Wasserwerte verändern. Für guten Sauerstoffgehalt sorgen. Nicht zuviel füttern, hochwertiges Futter verwenden. Beleuchtung auf die richtige Lichtfarbenmischung und die Beleuchtungsdauer hin überprüfen. Regelmäßiger Teilwasserwechsel, Filtermaterial rechtzeitig austauschen.
Auf Wasserpflanzen (und Aquarienscheiben) zeigen sich graue oder braune Beläge.	Schmieralgenbildung.	Die Beläge von den Scheiben mit einem Scheibenreiniger entfernen. Die Lampen auf ihre Leuchtkraft überprüfen und ggf. die Röhren auswechseln. Wasserwerte, insb. Nitrat, überprüfen. Algenfressende Fische wie Siamesische Rüsselbarben, Ancistrus, Otocinclus zur biologischen Algenbekämpfung einsetzen.

Auf einen Blick:

Die Fische einsetzen

Beim Kauf

- Panzerwelse werden getrennt eingepackt, weil ihr Dorn an der Fettflosse andere Fische verletzen könnte.
- Bestehen Sie auf einer undurchsichtigen Umhüllung des Transportbeutels (das darf auch eine Zeitung sein), um den Fischen unnötigen Stress zu ersparen.
- Transportieren Sie den Beutel warm, vor allem aber schnell nach Hause. Legen Sie ihn nicht auf heiße oder kalte Autositze!
- Bei kurzen Wegen unter 45 Minuten und großem Transportbeutel sollten die gekauften Fische ohne Sauerstoffzugabe transportiert werden.

Zuhause sofort auspacken

- Vor dem Einsetzen das Transportwasser testen (KH, pH, Sauerstoff). Bei deutlichen Abweichungen zum Aquarienwasser die Umgewöhnung sehr langsam und in kleinen Schritten vornehmen.
- Sauberen Eimer und weiches Netz bereitstellen.
- Transportbeutel öffnen, ca. $^1/_4$ Liter Aquarienwasser dazugeben.
- Licht im Becken abdecken oder ausschalten.
- Beutel ins Becken hängen und für ca. 15 Minuten mit Wäscheklammern am Beckenrand befestigen (zur Temperaturangleichung).
- Dann die Hälfte des Transportwassers in den Eimer schütten und den Beutel wieder mit Beckenwasser auffüllen.
- Nach weiteren 15 Minuten den Beutel direkt neben dem Aquarium über dem Netz in den Eimer leeren und die Fische vorsichtig in ihren neuen Lebensraum entlassen. Beutelwasser wegschütten.
- Beobachten Sie die Fische, aber lassen Sie das Aquarium zunächst völlig in Ruhe. Das Licht erst am nächsten Tag anschalten und erst dann füttern.

So bleiben die Fische gesund

- Für neu gekaufte oder pflegebedürftige Fische sowie Jungfische ein separates Becken bereithalten.
- Im Krankheitsfall stets eine exakte Diagnose stellen, gegebenenfalls den Tierarzt konsultieren.
- Medikamente genau nach Gebrauchsanweisung dosieren.

- Kranke Tiere ggf. im separaten Becken behandeln, tote entfernen. Verwendete Netze ebenfalls behandeln und anschließend mit kochendheißem Wasser abspülen.
- Nach jedem Medikamenteneinsatz im Becken beste Filterkohle einsetzen. Nach 3 Tagen entfernen, Teilwasserwechsel vornehmen, düngen und Starterbakterien zugeben.

3

Fische und Pflanzen

Salmler

Trauermantelsalmler

Gymnocorymbus ternetzi

Beliebter, ruhiger Aquarienfisch, ausdauernd und langlebig. Gut zu vergesellschaften. Aquarium gut bepflanzen. Als Gruppe ab 6 Tiere. Die Männchen sind kleiner und schlanker. Die Schwarze Färbung geht mit der Zeit etwas zurück.

Heimat: Brasilien (Mato Grosso), Bolivien
Größe: 6 cm
Becken: ab 60 cm, mittlerer Beckenbereich
Wasser: 22–26 °C, weich/mittelhart, pH 6–7,5
Futter: Vollnahrung, Frost- und gefriergetrocknetes Futter

Glühlichtsalmler

Hemigrammus erythrozonus

Ruhiger, friedlicher Schwarmfisch, der durch seine leuchtenden Streifen besonders in dicht bepflanzten Becken mit dunklem Bodengrund wirkt. Gruppe ab 6 Tiere halten. Glühlichtsalmler sind gut mit anderen Fischarten zu vergesellschaften.

Heimat: Republik Guyana
Größe: 4,5 cm
Becken: ab 60 cm, mittlerer und unterer Beckenbereich
Wasser: 22–26 °C, weich/mittelhart, pH 6–7,5
Futter: Vollnahrung, Frost- und gefriergetrocknetes Futter

Schlusslichtsalmler

Hemigrammus ocellifer

Der friedliche Schwarmfisch (mindestens 6 Tiere) fühlt sich in gut bepflanzten Aquarien mit dunklem Bodengrund besonders wohl. Gut mit ähnlich ruhigen Aquarienfischen zu vergesellschaften.

Heimat: Amazonien
Größe: 4,5 cm
Becken: ab 60 cm, mittlerer Beckenbereich
Wasser: 24–28 °C, weich/mittelhart, pH 6–7,5
Futter: Vollnahrung, Frost- und gefriergetrocknetes Futter

Karfunkelsalmler

Hemigrammus pulcher

Fällt im Aquarium mit dichter Randbepflanzung, einigen Schwimmpflanzen und Wurzeln durch seine leuchtenden Farben auf. Braucht freien Schwimmraum und dunklen Bodengrund. Zeigt sein Verhalten nur in Gesellschaft ruhiger Fische. Mindestens 6 Tiere.

Heimat: Westamazonien
Größe: 4,5 cm
Becken: ab 60 cm, mittlerer Beckenbereich
Wasser: 24–28 °C, weich/mittelhart, pH 6–7,2
Futter: Vollnahrung, Frost- und gefriergetrocknetes Futter

Schmucksalmler

Hyphessobrycon bentosi bentosi

Zeigt seine wunderbare Färbung, wenn er sich im dicht bepflanzten Becken mit dunklem Bodengrund und ruhiger Gesellschaft wohl fühlt. Man pflegt einen Schwarm ab 6 Tiere, am besten einige Paare.

Heimat: Republik Guyana
Größe: 5–7 cm
Becken: ab 80 cm, unterer Beckenbereich
Wasser: 24–28 °C, weich/mittelhart, pH 6–7,5
Futter: Vollnahrung, Frost- und gefriergetrocknetes Futter

Roter von Rio

Hyphessobrycon flammeus

Der beliebte, friedliche Schwarmfisch fühlt sich in bepflanzten Becken (Hintergrund, Seiten) mit nicht zu hellem Boden wohl. Gruppen ab 6 Tiere; lassen sich gut mit ruhigen Fischen vergesellschaften.

Heimat: Brasilien (Stadtrand von Rio de Janeiro)
Größe: 4 cm
Becken: ab 50 cm, mittlerer bis unterer Beckenbereich
Wasser: 20–26 °C, weich/mittelhart, pH 6–7,5
Futter: beste Vollnahrung, Frost- und gefriergetrocknetes Futter

Salmler

Schwarzer Neon

Hyphessobrycon herbertaxelrodi

Auch schwarzer Flaggensalmler genannt. Ideal für ein Neonbecken oder mit anderen ruhigen Fischen. Schwärme ab 8 Tieren in dicht bepflanzten Becken mit dunklem Bodengrund. Lebt in der mittleren und oberen Wasserzone.

Heimat: Amazonas-Einzugsgebiet
Größe: 4 cm
Becken: ab 60 cm, mittlerer bis oberer Beckenbereich
Wasser: 23–27 °C, weich, pH 6–7,2
Futter: Voll- und gefriergetrocknete Nahrung

Zitronensalmler

Hyphessobrycon pulchripinnis

Gut für das dicht bepflanzte Gesellschaftsbecken geeignet; Schwärme ab 8 Tieren beleben die mittlere Wasserzone mit freiem Schwimmraum. Anderer Name: Schönflossensalmler.

Heimat: mittleres Brasilien
Größe: 5 cm
Becken: ab 60 cm, mittlerer bis unterer Beckenbereich
Wasser: 24–26 °C, weich/mittelhart, pH 6–7,5
Futter: gutes Markenfutter, Mückenlarven, Hafttabletten

Rotaugen-Moenkhausie

Moenkhausia sanctaefilomenae

Gern gepflegter Schwarmfisch (mindestens 6 Tiere) für das Gesellschaftsbecken mit guter Randbepflanzung und freiem Schwimmraum.

Heimat: tropisches Südamerika
Größe: 6,5 cm
Becken: ab 80 cm, mittlere Wasserschicht
Wasser: 22–28 °C, weich/mittelhart, pH 6–7,5
Futter: Vollnahrung, Frost- und gefriergetrocknetes Futter

Roter Neon

Paracheirodon axelrodi

Die lebhaften Schwarmfische zählen zu den attraktivsten und beliebtesten Arten. Sie bevorzugen eine dichte Bepflanzung mit freiem Schwimmraum dazwischen. Mit kleineren Arten vergesellschaften.

Heimat: Kolumbien, Venezuela, Brasilien
Größe: 4–5 cm
Becken: ab 60 cm, mittlere bis untere Wasserzone
Wasser: 23–25 °C, weich, pH 5–7
Futter: Vollnahrung, kleines Lebendfutter

Neonsalmler

Paracheirodon innesi

Farbenprächtige, friedfertige Fische für das gut bepflanzte Gesellschafts- oder Artbecken. Im Schwarm ab 10 Tiere pflegen. Wird im Gegensatz zum Roten Neon in großer Zahl gezüchtet.

Heimat: Kolumbien, Peru, Brasilien (oberer Amazonas); im Handel nur Nachzuchten
Größe: 4 cm
Becken: ab 50 cm, mittlerer Beckenbereich
Wasser: gut aufbereiten (Torfextrakt), 24–28 °C, weich/mittelhart, pH 6–7,5
Futter: Vollnahrung, Mikrofutter, Tabletten

Schrägschwimmer

Thayeria boehlkei

Wirkt im Schwarm (ab 6 Tieren) durch seine Zeichnung und die wippende Schwimmweise. Mit Salmlern ähnlicher Ansprüche gut zu vergesellschaften. Liebt lockere Randbepflanzung und freien Schwimmraum.

Heimat: tropisches Südamerika
Größe: 8 cm
Becken: ab 80 cm, mittlere bis obere Wasserzone
Wasser: 22–26 °C, weich/mittelhart, pH 6–7,5
Futter: Vollnahrung, Frostfutter, gefriergetrocknete Insekten

Karpfenfische

Leopardbärbling

Brachydanio frankei

Der Schwarmfisch (ab 8 Tiere) ist ein lebhafter Schwimmer und leicht zu züchten. Daher gehört er seit seinem Auftauchen im Zoofachhandel zum Standardsortiment.

Heimat: Zuchtform
Größe: 5 cm
Becken: ab 60 cm, mittlerer bis oberer Beckenbereich
Wasser: 22–26 °C, weich/mittelhart, pH 6,5–7,5
Futter: Vollnahrung, Frost-, gefriergetrocknetes Futter

Siamesische Rüsselbarbe

Crossocheilus siamensis

Gerne als „Putzerfisch" eingesetzt. Liebt dicht bepflanzte Aquarien mit glatten Steinen und Wurzeln. Im Schwarm ab 6 Tieren pflegen.

Heimat: Thailand
Größe: 12–14 cm
Becken: ab 80 cm, untere Wasserzone
Wasser: weiches, huminsäurehaltiges Wasser; 22–28 °C, weich/mittelhart, pH 6,5–7,5
Futter: Futtertabletten mit hohem Pflanzenanteil

Malabarbärbling

Danio aequipinnatus

Belebt im Gesellschaftsaquarium die oberen Wasserzonen. Fühlt sich in am Rand gut bepflanzten Becken mit viel Schwimmraum wohl. Schwarm ab 8 Tiere halten.

Heimat: Vorderindien, Sri Lanka
Größe: 8–10 cm
Becken: ab 100 cm, oberer Beckenbereich
Wasser: 24–28 °C, weich/mittelhart, pH 6,5–7,5
Futter: Vollnahrung, gefriergetrocknete Insekten, Spezialitäten

Zebrabärbling

Danio rerio

Altbekannter Schwarmfisch (ab 8 Tiere), der sich leicht vermehrt. Bevorzugt reichlich Schwimmraum. Randbepflanzung mit hoch wachsenden Arten. Gut mit anderen Friedfischen zu vergesellschaften.

Heimat: Indien, Pakistan
Größe: 5 cm
Becken: ab 60 cm, mittlerer bis oberer Beckenbereich
Wasser: 18–26 °C, weich/mittelhart, pH 6–7,5
Futter: Markenfutter, Hafttabletten, gefriergetrocknete Insekten

Prachtbarbe

Puntius conchonius

Für gut bepflanzte Gesellschaftsaquarien mit freiem Schwimmraum. Im Schwarm ab 6 Tieren gut mit robusten Fischen zu vergesellschaften.

Heimat: Vorderindien (Bengalen, Assam)
Größe: 8 cm, Importtiere bis 10 cm
Becken: ab 100 cm, mittlere bis untere Wasserzone
Wasser: 18–26 °C, weich/mittelhart, pH 6,5–7,5
Futter: Vollnahrung, Tabletten, Frost- und gefriergetrocknete Nahrung

Purpurkopfbarbe

Puntius nigrofasciatus

Mit anderen Barben gut zu vergesellschaften. Fühlen sich im Schwarm (ab 7 Tieren) zwischen dichten Pflanzenbeständen und langen Schwimmpflanzenwurzeln am wohlsten. Dunkler Boden.

Heimat: Sri Lanka
Größe: 7 cm
Becken: ab 80 cm, mittlerer bis unterer Beckenbereich
Wasser: 24–26 °C, weich/mittelhart, pH 6–7,5
Futter: Markenfutter und Spezialitäten

Karpfenfische

Eilandbarbe

Puntius oligolepis

Wenn sie sich wohl fühlen, zeigen die Schwarmfische (ab 6 Tieren) ihre herrliche Kupferfarbe. Becken am Rand und im Hintergrund gut bepflanzen, aber freien Schwimmraum lassen. Dunkler Bodengrund, Wurzeln als Deckung.

Heimat: Indonesien, Sumatra, Padang
Größe: 5 cm
Becken: ab 60 cm, mittlere und untere Wasserzone
Wasser: 22–26 °C, weich/mittelhart, pH 6–7,5
Futter: Vollnahrung, Gefriergetrocknetes, Tabletten

Messingbarbe

Puntius semifasciolatus

Für das gut bepflanzte Gesellschaftsbecken. Die munteren und friedlichen Barben leben gern im Schwarm (ab 7 Fischen). Dichte Randbepflanzung und ausreichend Schwimmraum. Eine attraktive Zuchtform ist die golden schimmernde Brokatbarbe.

Heimat: Südost-China
Größe: 8 cm
Becken: ab 80 cm, mittlerer und unterer Beckenbereich
Wasser: 18–26 °C, weich/mittelhart, pH 6,5–7,5
Futter: Vollnahrung, Tabletten, Frostfutter, Spezialitäten

Sumatrabarbe

Puntius tetrazona

Sie hat schon viele Menschen zu Aquarianern werden lassen. Am besten mit anderen munteren Barben vergesellschaften, aber nicht mit langflossigen Formen. Im Schwarm ab 6 Tieren. Neben der abgebildeten Nominatform gibt es eine wunderschön moosgrün schillernde Zuchtform mit den gleichen Pflegeansprüchen.

Heimat: Sumatra, Borneo
Größe: 7 cm
Becken: ab 80 cm, mittlere und untere Wasserzone
Wasser: 24–26 °C, weich/mittelhart, pH 6,5–7,5
Futter: Allesfresser, der abwechslungsreiche Nahrung braucht

Bitterlingsbarbe

Puntius titteya

Fühlen sich in gut bepflanzten Becken mit freiem Schwimmraum, Versteckmöglichkeiten und dunklem Bodengrund wohl. Schwarmfische, ab 6 Tiere. 2 Männchen auf 3 Weibchen. Vergesellschaftung mit ruhigen Fischen.

Heimat: Südost-China
Größe: 5 cm
Becken: ab 60 cm, mittlerer und unterer Beckenbereich
Wasser: 22–28 °C, weich/mittelhart, pH 6–7,2
Futter: Vollnahrung, Hafttabletten

Kardinalfisch

Tanichthys albonubes

Der „Arbeiter-Neon" gehört zu den ältesten Aquarienfischen. Ein überaus beliebter und lebhafter Schwarmfisch (ab 10 Tiere) fürs Gesellschaftsaquarium, leicht zu züchten. Braucht dichte Randbepflanzung und freien Schwimmraum.

Heimat: China (Kanton)
Größe: 4 cm
Becken: ab 50 cm, hält sich in der oberen Zone auf
Wasser: 16–25 °C, weich/mittelhart, pH 6,5–7,5
Futter: Vollnahrung, Mikrofutter, gefriergetrocknete Insekten

Keilfleckbarbe

Trigonostigma heteromorpha

Seit 80 Jahren ein beliebter Schwarmfisch (ab 8 Tiere) für Gesellschaftsaquarien mit friedlichen Arten. Dicht bepflanzte Becken mit Schwimmpflanzen und genügend Schwimmraum.

Heimat: Malaiische Halbinsel, Sumatra
Größe: 4,5 cm
Becken: ab 60 cm, obere und mittlere Wasserzone
Wasser: Wasser mit Torfextrakt aufbereiten; 23–28 °C, weich/mittelhart, pH 6–7,2
Futter: Vollnahrung, Gefriergetrocknetes, Tabletten

Welse

Blauer Antennenwels

Ancistrus dolichopterus

Dämmerungsaktiv, mit interessantem Verhalten. Für Aquarien mit robustem Pflanzenwuchs, glatten Steinen und Wurzeln als Unterstand und zum Abraspeln. Weiden Algen ab. Ein Paar halten.

Heimat: Amazonas-Einzugsgebiet
Größe: 10–15 cm
Becken: ab 80 cm, untere Wasserzone
Wasser: 22–26 °C, weich, pH 6–7,2
Futter: mit hohem Pflanzengehalt; auch Tabletten (bei Futtermangel werden Pflanzen gefressen!)

Metall-Panzerwels

Corydoras aeneus

Zur Belebung der Bodenzone sind sie bestens geeignet. Wichtig ist runder, feinkörniger Bodengrund. Gruppen ab 5 Tieren halten (2 Männchen mit 3 Weibchen vergesellschaften).

Heimat: Trinidad bis La Plata
Größe: 6 cm
Becken: ab 60 cm, unterer Beckenbereich
Wasser: 20–26 °C, weich/mittelhart, pH 6–7,5
Futter: spezielle Futtertabletten

Leopard-Panzerwels

Corydoras leopardus

Gesellige, leicht zu pflegende Art, mit ruhigen Fischen vergesellschaften. Braucht wie alle Panzerwelse feinsandigen Bodengrund, damit er sich beim Gründeln nicht die Barteln verletzt, und Rückzugsmöglichkeiten.

Heimat: Ost-Brasilien, Ecuador, Peru
Größe: 7 cm
Becken: ab 80 cm, untere Wasserzone
Wasser: 20–25 °C, weich/mittelhart, pH 6–7,5
Futter: Vollnahrung und pflanzliche Beikost

Punktierter Panzerwels

Corydoras paleatus

Zusammen mit anderen Panzerwelsen gut in der unteren Wasserzone im Gesellschaftsbecken zu pflegen. Runder, feinkörniger Bodengrund ist wichtig. Gruppen ab 5 Tieren halten (2 Männchen mit 3 Weibchen).

Heimat: La-Plata-Einzug
Größe: 7 cm
Becken: ab 60 cm, untere Wasserzone
Wasser: 18–26 °C, weich/mittelhart, pH 6–7,5
Futter: spezielle Futtertabletten

Siamesische Saugschmerle

Gyrinocheilus aymonieri

Als Jungtiere sind Saugschmerlen gute Algenfresser. Die Erwachsenen sind zänkisch, daher einzeln halten. Brauchen hohle Wurzeln und Steine als Unterstand. Mit großen Fischen vergesellschaften.

Heimat: Hinterindien, Thailand
Größe: 25 cm
Becken: ab 100 cm, unterer Beckenbereich
Wasser: 22–28 °C, weich/mittelhart, pH 6–7,5
Futter: Vollnahrung mit Pflanzenanteil, Tabletten

Ohrgitter-Zwergharnischwels

Otocinclus affinis

Ein idealer Algenfresser für gut bepflanzte Becken mit Wurzeln und glatten Steinen. Mit friedlichen, ruhigen Fischen vergesellschaften. Gruppen ab 5 Tiere.

Heimat: Amazonas-Einzugsgebiet bis Mündung
Größe: 3,5 bis 5 cm
Becken: ab 50 cm, untere Wasserzone
Wasser: 20–28 °C, weich/mittelhart, pH 6–7,5
Futter: Vollnahrung mit hohem Pflanzenanteil, Tabletten

Kletterfische

Siamesischer Kampffisch
Betta splendens

Männchen bekämpfen sich, daher nur 1 Männchen, evtl. mit 2–3 Weibchen, im Gesellschaftsbecken mit friedlichen Fischen halten, die nicht an die Flossen gehen. Am besten Labyrintherbecken mit gutem Pflanzenwuchs.

Heimat: Südostasien
Größe: 8 cm
Becken: ab 60 cm, obere bis mittlere Wasserzone
Wasser: 25–30 °C, weich/mittelhart, pH 6,5–7,5
Futter: gefriergetrocknete Mückenlarven, Frostfutter, Lebendfutter

Roter Zwergfadenfisch
Colisa lalia

Fühlt sich im dicht bepflanzten Becken wohl. Mit ruhigen Fischen vergesellschaften, die nicht an den fadenartig ausgezogenen Bauchflossen knabbern. Mehrere Farbvarianten. Die Männchen sind deutlich größer als die Weibchen.

Heimat: Indien, Assam, Bangladesh
Größe: 5–6 cm
Becken: ab 60 cm, oberer bis mittlerer Beckenbereich
Wasser: 25–30 °C, weich/mittelhart, pH 6–7,5
Futter: Vollnahrung, gefriergetrocknete Insekten, Tabletten

Küssender Gurami
Helostoma temminckii

„Scheibenputzer“. Im Gesellschaftsbecken mit ruhigen, robusten Fischen und hartlaubigen Pflanzen 1–2 Paare pflegen. Diese Labyrinthfische bauen kein Schaumnest, sondern geben ihren Laich frei ins Wasser ab.

Heimat: Malaiische Halbinsel, Sumatra, Borneo
Größe: bis 25 cm (Zuchtformen 15 cm)
Becken: ab 120 cm, mittlere Wasserzone
Wasser: 24–30 °C, weich/mittelhart, pH 6,5–7,5
Futter: große Vollnahrung, Tabletten

Paradiesfisch

Macropodus opercularis

Einige Schwimmpflanzen als Deckung. Im gut bepflanzten Becken mit Versteckmöglichkeiten mit gleich großen robusten Fischen vergesellschaften. Ein Männchen auf 2–3 Weibchen. Leicht zu vermehren (Schaumnest).

Heimat: Ostchina
Größe: 10 cm
Becken: ab 80 cm, obere und mittlere Wasserzone
Wasser: 18–28 °C, weich/hart, pH 6–8
Futter: Mückenlarven, farbgebende Markenfutter

Mosaikfadenfisch

Trichogaster leeri

Für dicht bepflanzte Gesellschaftsbecken mit ruhigen, friedfertigen Arten. Schwimmpflanzen bieten Deckung sowie Halt für das Schaumnest.
1 Männchen auf 2 Weibchen.

Heimat: Malaysia, Sumatra, Borneo
Größe: 12 cm
Becken: ab 120 cm, oberer und mittlerer Beckenbereich
Wasser: mit Torf aufbereiten; 25–29 °C, weich/mittelhart, pH 6,5–7,5
Futter: Vollnahrung, Frostfutter, gefriergetrocknete Insekten, Tabletten

Blauer Fadenfisch

Trichogaster trichopterus

Für dicht bepflanzte Gesellschaftsbecken mit friedlichen Arten gut geeignet. Einige Schwimmpflanzen als Stütze für das Schaumnest. 1 Männchen auf 2 Weibchen halten. Auch Marmorierter oder Punktierter Fadenfisch.

Heimat: Südostasien
Größe: 15 cm
Becken: ab 100 cm, obere und mittlere Wasserzone
Wasser: 25–29 °C, weich/mittelhart, pH 6,5–7,5
Futter: Hauptfutter, Tabletten, Frostfutter, gefriergetrocknete Insekten

Lebendgebärende Zahnkarpfen

Zwerg-Kärpfling

Heterandria formosa

Idealer Anfängerfisch. Bei uns in fast jedem Leitungswasser zu halten. Am besten bringt man ihn im dicht bepflanzten Artbecken unter oder vergesellschaftet ihn mit friedlichen Kleinfischen. 1 Männchen auf 2–3 Weibchen.

Heimat: Florida, South-Carolina
Größe: Männchen 2,5 cm, Weibchen 3 cm
Becken: ab 40 cm, mittlere Wasserzone
Wasser: 18–26 °C, mittelhart, pH 6,5–7,5
Futter: kleine Vollnahrung, Mikrofutter

Guppy

Poecilia reticulata

Wegen seiner Vermehrungsfreudigkeit Millionenfisch genannt. Trächtige Weibchen in Ablaichkasten mit Javamoos setzen, damit die Jungen nicht gefressen werden. Vielfältige Zuchtformen. Mit ruhigen Fischen vergesellschaften. 1 Männchen auf 3 Weibchen. Viele Pflanzen.

Heimat: Trinidad, Venezuela, nördliches Südamerika
Größe: Männchen 4–5 cm, Weibchen 6 cm
Becken: ab 40 cm, mittlerer Beckenbereich
Wasser: 23–26 °C, mittelhart/hart, pH 6,5–8
Futter: gefriergetrocknete Mückenlarven, Mikrofutter, Vollnahrung

Spitzmaulkärpfling, Black Molly

Poecilia sphenops

Beliebter Fisch für den Erstbesatz; weidet Algen ab. Fühlt sich in dicht bepflanzten Becken wohl. Mit ruhigen Fischen, insbesondere anderen Lebendgebärenden vergesellschaften. Viele Zuchtformen. 1 Männchen auf 2–3 Weibchen.

Heimat: Mittelamerika, Kolumbien
Größe: 7 cm
Becken: ab 60 cm, mittlere bis obere Wasserzone
Wasser: 24–28 °C, mittelhart, pH 6,5–8
Futter: Vollnahrung mit hohem Pflanzenanteil, Tabletten

Schwertträger

Xiphophorus helleri

Beliebte, friedliche Schwarmfische für das gut bepflanzte Gesellschaftsbecken, das freien Schwimmraum bietet. 1 Männchen auf 3 Weibchen. Viele Zuchtformen und Farbvarianten, auch mit vergrößerten Flossen.

Heimat: Mexiko, Mittelamerika
Größe: 10–12 cm
Becken: ab 80 cm, mittlerer Beckenbereich
Wasser: 23–26 °C, mittelhart, pH über 7
Futter: Tabletten, pflanzliche Hauptnahrung, Spezialitäten

Platy, Spiegelkärpfling

Xiphophorus maculatus

Attraktive und beliebte Fische mit vielen Farbvarianten für das dicht bepflanzte Gesellschaftsbecken, das aber auch freien Schwimmraum bieten soll. 1 Männchen auf 3 Weibchen. Können sich möglicherweise mit Schwertträgern kreuzen!

Heimat: Mittelamerika, Mexiko
Größe: Männchen 3,5 cm, Weibchen 6 cm
Becken: ab 60 cm, mittlere Wasserzone
Wasser: 23–26 °C, mittelhart/hart, pH 6,5–8
Futter: Vollnahrung, Tabletten, Mikrofutter

Papageienplaty

Xiphophorus variatus

Munterer Schwarmfisch, der gerne Algen vertilgt. Gut mit anderen Arten zu vergesellschaften. 1 Männchen auf 2–3 Weibchen. Wird in vielen Farbschlägen gezüchtet.

Heimat: Mittelamerika, Mexiko
Größe: 6–7 cm
Becken: ab 60 cm, mittlere bis obere Wasserzone
Wasser: 22–25 °C, mittelhart/hart, pH 6–8
Futter: Vollnahrung, Tabletten, Mikrofutter

Killifische, Halbschnäbler

Streifenhechtling

Aplocheilus lineatus

Hält sich gerne zwischen Schwimmpflanzen auf und lässt sich leicht züchten. Ein Männchen mit 2–3 Weibchen halten. Gut mit gleich großen, ruhigen Fischen zu vergesellschaften.

Heimat: Vorderindien, Sri Lanka
Größe: 10 cm
Becken: ab 80 cm, obere und mittlere Wasserzone
Wasser: 22–28 °C, weich/mittelhart, pH 6–7,5
Futter: gefriergetrocknete Insekten, schwimmfähige Vollnahrung; kleine Fische

Gemeiner Hechtling

Aplocheilus panchax

Hält sich gerne unter Schwimmpflanzenwurzeln auf. Ein Männchen mit 2–3 Weibchen. Lässt sich leicht vermehren. Vergesellschaftung mit ruhigen, gleich großen Fischen.

Heimat: Sri Lanka, Thailand, Malaysia, Indonesien
Größe: 7 cm
Becken: ab 60 cm, oberer Beckenbereich
Wasser: 20–26 °C, weich/mittelhart, pH 6–7,5
Futter: schwimmfähige Vollnahrung, gefriergetrocknete Insekten, Jungfische

Hechtköpfiger Halbschnäbler

Dermogenys pusillus

Lebendgebärende Fische für die oberste Wasserschicht. Ab 6 Tiere. Gut geeignet für Becken mit gleich großen Fischen. Einige Schwimmpflanzen.

Heimat: Südostasien
Größe: 6–7 cm
Becken: ab 60 cm, obere Wasserzone
Wasser: 24–28 °C, weich/mittelhart, pH 6,5–7,5
Futter: gutes Granulatfutter, Mückenlarven, Anfluginsekten sowie vitaminisiertes gefriergetrocknetes Futter verwenden

Buntbarsche

Afrikanischer Schmetterlingsbuntbarsch

Anomalochromis thomasi

Für gut bepflanzte Becken mit Wurzeln und glatten Steinen. 1–2 Paare mit friedlichen Fischen vergesellschaften. Zucht möglich.

Heimat: Westliches Afrika
Größe: 8–10 cm
Becken: ab 80 cm, mittlerer und unterer Beckenbereich
Wasser: 24–28 °C, weich/mittelhart, pH 6–7,5
Futter: Vollnahrung, Frostfutter, gefriergetrocknete Insekten

Agassiz' Zwergbuntbarsch

Apistogramma agassizii

Für gut bepflanzte Becken mit Steinspalten und Wurzelholz. 1–2 Paare lassen sich mit friedlichen Fischen vergesellschaften und sogar züchten. Einige Farbvarianten.

Heimat: oberes und mittleres Amazonasgebiet
Größe: 8 cm
Becken: ab 80 cm, untere Wasserzone
Wasser: 24–28 °C, weich/mittelhart, pH 5,5–7,2
Futter: vitaminisiertes Frostfutter, Lebendfutter

Maroni-Buntbarsch (Schlüssellochbuntbarsch)

Cleithracara maronii

Ein Paar der friedlichen Barsche eignet sich fürs gut bepflanzte Gesellschaftsbecken mit ruhigen Fischen. Stein- und Wurzelverstecke.

Heimat: Guyana-Länder
Größe: 12 cm
Becken: ab 100 cm, untere Wasserzone
Wasser: 24–28 °C, weich/mittelhart, pH 6–7,5
Futter: Vollnahrung, Frostfutter, gefriergetrocknete Insekten

Buntbarsche

Tüpfelbuntbarsch
Laetacara curviceps

Dicht bepflanzte Aquarien mit Steinen und Wurzeln. Mit friedlichen Fischen der mittleren und oberen Wasserzonen zu vergesellschaften, wenn dichte Bepflanzung und viele Versteckmöglichkeiten vorhanden sind. 1–2 Paare.

Heimat: Amazonas-Einzugsgebiet
Größe: 8 cm
Becken: ab 60 cm, mittlerer und unterer Beckenbereich
Wasser: 22–26 °C, weich/mittelhart, pH 6–7,5
Futter: Vollnahrung, Frostfutter, Lebendfutter

Schmetterlingsbuntbarsch
Microgeophagus (Papiliochromis) ramirezi

Ein Paar lässt sich gut im Gesellschaftsaquarium mit friedlichen Fischen der oberen und mittleren Wasserzone halten; dicht bepflanzen, mit Wurzeln und Versteckmöglichkeiten.

Heimat: Kolumbien, Venezuela
Größe: 6 cm
Becken: ab 60 cm, untere bis mittlere Wasserzone
Wasser: mit Torf aufbereiten; 24–30 °C; weich, pH 5–7; südostasiat. Nachzuchten: mittelhart, pH 7,5
Futter: Frostfutter, Lebendfutter, Mückenlarven, Vollnahrung

Gestreifter Zwergbuntbarsch
Nannacara anomala

Wenn sie in dicht bepflanzten Becken mit Steinen und Wurzeln ablaichen, pflegt das Weibchen die Jungen und verteidigt das Revier. Ein Paar mit ruhigen Fischen der oberen Wasserzone vergesellschaften.

Heimat: Guyana
Größe: 9 cm
Becken: ab 60 cm, untere und mittlere Wasserzone
Wasser: 24–28 °C, mittelhart/hart, pH 6–7,5
Futter: Vollnahrung, Futtertabletten, vitaminisiertes Frostfutter

Purpurprachtbarsch

Pelvicachromis pulcher

Ideal für das Gesellschafts-aquarium. Ein Pärchen benötigt im dicht bepflanzten Aquarium mit Versteckmöglichkeiten (Steine, Wurzeln) ein Revier von 60 cm Länge.

Heimat: Westafrika
Größe: 8–10 cm
Becken: ab 80 cm, untere Wasserzone
Wasser: über Torf filtern; 24–28 °C, weich/mittelhart, pH 6–7,5
Futter: Frostfutter, Tabletten, Spezialitäten

Zwergmaulbrüter

Pseudocrenilabrus multicolor

Fühlt sich im bepflanzten Becken mit friedlichen Mitbewohnern am wohlsten.
Ein Männchen und zwei Weibchen. Maulbrüter; die Mutter umsorgt die Jungfische.

Heimat: Nordostafrika bis Tansania
Größe: 8 cm
Becken: ab 60 cm, untere und mittlere Wasserzone
Wasser: 23–27 °C, mittelhart/hart, pH 7–8
Futter: Vollnahrung, Frostfutter, Gefriergetrocknetes

Segelflosser, Skalar

Pterophyllum scalare

„König" der Aquarienfische. In hinten und seitlich gut bepflanzten Becken mit mittelgroßen, ruhigen Fischen vergesellschaften (kleine werden gefressen). 5–6 Tiere. Mehrere Zuchtformen (Schwarz, Golden, Marmor, Rauch, Schleier).

Heimat: Amazonasbecken
Größe: 15–25 cm
Becken: ab 100 cm; hoch! Mittlerer Beckenbereich
Wasser: über Torf filtern; 24–28 °C, weich/mittelhart, pH 5–7,5
Futter: mit Vitaminen angereichertes Frostfutter, Mückenlarven, Markenfutter

Buntbarsche

Feuermaulbuntbarsch

Thorichthys meeki

Bevorzugen Aquarien mit runden Steinen, Wurzelholz und dichter Randbepflanzung. Vergesellschaftung mit anderen Barschen und größeren Arten. Aus einer Gruppe von 4–6 Tieren findet sich ein Paar. Die Weibchen sind kleiner und weniger leuchtend gefärbt.

Heimat: Mittelamerika
Größe: 12–15 cm
Becken: ab 100 cm, unterer Beckenbereich
Wasser: 22–28 °C, mittelhart/hart, pH 7–8
Futter: kräftige Futterbrocken, Mückenlarven, Futtertabletten

Buntbarsche aus dem Tanganjikasee

Gelber Schlankcichlide

Julidochromis ornatus

Eine Gruppe im Becken mit Steinaufbauten voller Löcher und Spalten pflegen. Bandartige Pflanzen und Sand (Körnung 1–2 mm). Zucht möglich. In der Gruppe halten.

Größe: 8 cm
Becken: ab 60 cm, untere bis mittlere Wasserzone
Wasser: 24–27 °C, hart, pH 7,5–8,5
Futter: Vollnahrung, Gefriergetrocknetes, Tabletten

Prinzessin von Burundi

Neolamprologus brichardi

Einrichtung des Aquariums wie bei der vorigen Art; etwas mehr Sandfläche als Bodengrund. 4–6 Tiere. Auch Feenbarsch oder Gabelschwanzbuntbarsch genannt.

Größe: 8 cm
Becken: ab 80 cm, untere und mittlere Wasserzone
Wasser: 24–27 °C, hart, pH 7,5–8,5
Futter: Vollnahrung, Gefriergetrocknetes, Tabletten

Tanganjika-Goldcichlide

Neolamprologus leleupi

Auffällig gefärbte, attraktive Art, die mit anderen Arten vergesellschaftet werden kann. Benötigt die gleiche Beckeneinrichtung wie die beiden vorherigen Arten. 4–6 Tiere pflegen.

Größe: 8 cm
Becken: ab 80 cm, unterer und mittlerer Beckenbereich
Wasser: 24–27 °C, hart, pH 7,5–8,5
Futter: Vollnahrung, Gefriergetrocknetes, Tabletten

Buntbarsche aus dem Malawisee

Kobaltorangebarsch

Melanochromis johannii

Der Maulbrüter benötigt eine Beckeneinrichtung wie die vorgenannte Art und lässt sich mit anderen, gleich großen Malawisee-Cichliden vergesellschaften. 1 Männchen (kobaltblau) und 3 Weibchen (gelb).

Größe: 10–12 cm
Becken: 100 cm, besser länger, untere und mittlere Wasserzone
Wasser: 24–28 °C, hart, pH 7,5–8,5
Futter: mit hohem Pflanzenanteil, Tabletten

Türkisgoldbarsch

Melanochromis auratus

Männchen blauschwarz mit hellen, Weibchen gelb mit schwarzen Streifen. Becken mit vielen Verstecken (Felsaufbauten mit Löchern und Spalten), robuster Randbepflanzung und Sandboden (Kies 1–2 mm). Ein Männchen und 3 Weibchen der Maulbrüter mit anderen Malawisee-Cichliden vergesellschaften.

Größe: 12 cm
Becken: 100 cm, besser länger, untere und mittlere Wasserzone
Wasser: gut filtern und aufbereiten; 24–28 °C, hart, pH 7,5–8,5
Futter: Futter mit hohem Pflanzenanteil, Tabletten

EXTRA

Schnelle Hilfe bei Fischkrankheiten

→ Die häufigsten Fischkrankheiten

Problem	*Ursache*	*Abhilfe*
Weiße Pünktchen (0,2–1 mm) auf Körper und Flossen der Fische.	Der Ektoparasit *Ichthyophthirius multifiliis* befällt besonders geschwächte Tiere. Sie zeigen auch Flossenklemmen, Apathie und Appetitlosigkeit, scheuern sich.	Heilmittel gegen Ichthyo nach Gebrauchsanweisung anwenden, bis alle Pünktchen weg sind.
Samtartig-graue Beläge auf der Haut.	Die Samtkrankheit (ähnlich Ichthyo) wird durch *Oodinium pillularis* hervorgerufen. Auch hier Scheuern und Abmagern. Haut und Flossen lösen sich auf. Bei Kiemenbefall Luftschnappen.	Ichthyo-Heilmittel (Gebrauchsanweisung beachten).
Graue, flächige Infektstellen an Haut und Flossen.	Ektoparasiten wie *Costia, Chilodonella, Trichodina, Trichodinella, Tripartiella, Tetrahymena*. Die Fische scheuern und winden sich, sind träge, Haut und Flossen lösen sich auf.	Heilmittel nach Gebrauchsanweisung. Zuvor 1/3 des Wassers wechseln. Während der Behandlung nur über Watte filtern. Danach Teilwasserwechsel und für 3 bis 4 Tage über Aktivkohle filtern.
Wunde, verpilzte Stellen am Maul und auf den Flossen.	Mit *Saprolegnia* infizierte Wunden und Hautrisse.	Heilmittel gegen Pilze aus dem Zoofachhandel. Ursache der Verletzung ermitteln und abstellen: bissige Fische, scharfkantiger Bodengrund, schlechte Wasserverhältnisse.
Fische fressen schlecht.	Schlechte Wasserverhältnisse. Falsches Futter. Unpässlichkeiten.	Wasserwerte prüfen und ggf. verbessern. Hochwertiges Markenfutter oder Spezialitäten einsetzen. Auf Ektoparasiten prüfen, ggf. behandeln (s. o.).

Problem	*Ursache*	*Abhilfe*
Fische atmen sehr schnell, schwimmen an der Oberfläche, versuchen aus dem Becken zu springen, schwimmen ruckartig, zuckend. Kiemen stark gerötet.	Sauerstoffmangel. Umsetzschock. Laugen- oder Säureschaden. Vergiftung.	Stark durchlüften, Sauerstofftabletten; Ursache ermitteln und abstellen. Temperatur und Gerätefunktion überprüfen. → Bei Laugenschaden (pH über 8,5): Teilwasserwechsel, Zugabe von Torfextrakt, Torffilterung, evtl. Wasseraufbereitungssysteme einsetzen. → Bei Säureschaden (pH unter 5,5): Teilwasserwechsel mit gepuffertem Wasser (Puffersubstanzen aus dem Zoofachhandel), über Korallensand oder Marmorsplitt filtern. → Bei Ammoniak- oder Nitritvergiftung: Wasser bis pH 6,7 ansäuern (mit Mitteln aus dem Zoofachhandel). pH- und KH-Werte prüfen. → Bei Vergiftung durch Pflanzenschutz-, Insekten- oder Haushaltssprays: Teilwasserwechsel mit Wasseraufbereitungsmittel, eventuell über Kohle filtern und für starke Durchlüftung sorgen. → Bei Chlorvergiftung: Teilwasserwechsel, Durchlüftung oder Oberflächenbewegung.
Fische sterben ohne äußere Symptome.	Vergiftung.	Ursache ermitteln (ggf. hilft der Tierarzt) und abstellen (s. o.).
Fische schwimmen an Wasseroberfläche, atmen sehr schnell, zeigen Erstickungserscheinungen.	Sauerstoffmangel.	Für Wasserbewegung sorgen. Temperatur kontrollieren. Mulm, Schmutz, altes Filtermaterial entfernen. Fischbesatz zu hoch?! Bei nächtlichem Sauerstoffmangel: belüften. Bei Labyrinthfischen muss unter der Deckscheibe Luftraum bleiben.
Fische scheuern sich an Gegenständen, klemmen die Flossen, winden sich, fressen schlecht.	Ektoparasiten. Wasserschäden.	Heilmittel gegen Ichthyo. Teilwasserwechsel.
Glotzaugen.	Schlechtes Wasser.	Teilwasserwechsel. Wasserwerte messen und optimieren.

EXTRA Pflanzenportaits

Kahles Speerblatt

Anubias barteri var. *glabra*

Robust, aus Westafrika. Für Vordergrund (Rhizom unbedeckt!) oder mit Perlonschnur auf Steine und Wurzeln binden. Wächst langsam, aber gut. Torffilterung, düngen. Wasser weich/mittelhart, 22–26 °C.

Zwergspeerblatt

Anubias barteri var. *nana*

Anpassungsfähige Pflanze. Wächst langsam, aber willig, bildet attraktive Horste. Geeignet für den Vordergrund oder aufgebunden auf Wurzeln oder Steine. Wasser weich/mittelhart, 22–26 °C.

Krause Wasserähre

Aponogeton crispus

Aus Südindien, Sri Lanka. Für die Erstbepflanzung. Keimseite der Knollen unbedeckt lassen. Knolle nach 2–3 Vegetationspausen für 6–8 Wochen kühl und luftig lagern. Weich/mittelhart, 25–30 °C.

Karolina-Fettblatt

Bacopa caroliniana

Wuchsfreudige Pflanze aus dem südöstl. Nordamerika, für Mitte und Rand in Gruppen zu 5–10. Stängelenden etwas kürzen, auf 5 cm die Blätter entfernen, 4 cm tief einpflanzen. Weich/mittelhart, 20–26 °C.

Heudelots Flussfarn

Bolbitis heudelotii

Farnpflanze aus dem tropischen Afrika. Wirkt dekorativ auf Wurzelholz und Steinen. Wächst gerne in der Filterströmung. Geringer bis mittlerer Lichtbedarf. Wasser weich, pH 5–6,9, 22–28 °C.

Karolina-Haarnixe

Cabomba caroliniana

Lichthungrig, schnellwüchsig, aus Nordamerika. Zu 10–15 im Mittelgrund und an den Seiten. Zu lange Triebe einkürzen und neu stecken. Torffilterung, Pflanzendünger, möglichst CO_2. Weich/hart, 23–25 °C.

Gegabelte Haarnixe

Cabomba furcata

Aus Mittel- und Südamerika. Attraktiv als Gruppe im Mittel- oder Hintergrund. Etwas empfindlichere, aber schnell wüchsige Pflanze mit hohem Lichtbedarf. Wasser weich, pH neutral bis sauer, 24–30 °C.

Mexikanische Haarnixe

Cabomba palaeformis

Aus Mittelamerika; im Hintergrund als lockere Gruppe platzieren. Die Vermehrung erfolgt aus Seitensprossen. Grüne und rotbraune Sorten. Mittlerer Lichtbedarf. Wasser mittelhart/hart, 20–28 °C.

Gemeines Hornblatt

Ceratophyllum demersum

Sehr wüchsiger und empfehlenswerter Kosmopolit. Baut Schadstoffe ab. Frei fluten lassen oder in kleinen Gruppen setzen; als Versteck, Laichsubstrat, Reviergrenze. Mittelhart/hart, 22–28 °C.

Sumatrafarn

Ceratopteris thalictroides

Weit verbreitet in den Tropen, wurzelnd oder frei flutend. Für Labyrinthfische als Schaumnesthalt. Vermehrung durch Adventivpflanzen am Blattrand. Für große Becken. Wasser weich/mittelhart, 22–28 °C.

Haertels Wasserkelch

Cryptocoryne affinis

„Alte" Aquarienpflanze von der Malaiischen Halbinsel, für Seiten und Hintergrund. Dient z. B. Keilfleckbarben als Laichsubstrat. Bildet viele Ausläufer. Lichtbedarf mittel/hoch. Wasser mittelhart, 22–26 °C.

Weißlicher Wasserkelch

Cryptocoryne albida

Aus Südthailand; grüne und rotbraune Wuchsform. Wächst im Vordergrund bei gutem Licht. Am schönsten in kleinen Gruppen. Geringer bis mittlerer Lichtbedarf. Wasser weich/mittelhart, 24–28 °C.

EXTRA
Pflanzenportaits

Genoppter Wasserkelch
Cryptocoryne aponogetifolia

Für hohe Aquarien, vor allem Buntbarschbecken. Auffällig belaubt, langsam wachsend, bildet Ausläufer. Für Hintergrund und Seiten. Geringer Lichtbedarf. Wasser mittelhart/hart, 22–27 °C.

Becketts Wasserkelch
Cryptocoryne beckettii

Aus Sri Lanka. Recht anspruchsloser und empfehlenswerter Wasserkelch. Besonders schön vor hellgrünen Hintergrundpflanzen. Geringer bis mittlerer Lichtbedarf. Wasser weich/mittelhart, 22–26 °C.

Gewellter Wasserkelch
Cryptocoryne undulata

Aus Sri Lanka; attraktive dunkelbraune, meist marmorierte Blätter. Kleine Gruppen vor hellgrünen Pflanzen. Vermehrung durch Ausläufer. Lichtbedarf gering/mittel. Wasser weich/mittelhart, 22–26 °C.

Wendts Wasserkelch
Cryptocoryne wendtii

Aus Sri Lanka. Zur Erstbepflanzung. Für vorn und Mitte, leicht schattig unter Pflanzen; treibt schnell Ausläufer. Regelmäßiger Teilwasserwechsel und eisenhaltiger Dünger. pH 5–8, weich/mittelhart, 22–26 °C.

Kleiner Wasserkelch
Cryptocoryne x willisii

Aus Sri Lanka. Anspruchslose Pflanze. Wächst langsam, kann im Vordergrund des Aquariums dann aber ganze Flächen rasenartig bedecken. Lichtbedarf mittel. Wasser weich/mittelhart, 22–26 °C.

Amazonas-Schwertpflanze
Echinodorus amazonicus

Einzugsgebiet des Amazonas. Bei ausreichend Platz gutwüchsige Solitärpflanze. Adventivpflanzenan den Blütenständen abtrennen und einpflanzen, wenn sie Wurzeln haben. Weich/mittelhart, 22–26 °C.

Herzblättriger Wasser-wegerich

Echinodorus cordifolius

Schnellwüchsig und robust, aus dem Südosten Nordamerikas und Venezuela. Als Solitär in hohen Aquarien. Viel Licht, nahrhafter Bodengrund. Mittelhart/hart, 20–28 °C.

Schwarze Amazonas

Echinodorus parviflorus

Beliebte, sehr wuchsfreudige Art aus Südamerika, 25–30 cm hoch, für Mitte und Seiten vor hellgrünen Pflanzen. Nahrhafter Bodengrund, gute Düngung. Gute Sorte: 'Tropica'. Weich/mittelhart, 22–28 °C.

Grasartige Schwertpflanze

Echinodorus tenellus

Aus Amerika. Kleinste Amazonas. Bildet unbeschattet bei gutem Licht attraktive Rasenflächen durch Ausläufer. Keine wühlenden, Pflanzen fressenden Fische! Wasser weich/mittelhart, 18–26 °C.

Argentinische Wasserpest

Egeria densa

Schnellwüchsig, aus Argentinien. Zur Erstbepflanzung. Stielenden etwas einkürzen, auf 5 cm entblättern und 4 cm tief pflanzen. Erreichen sie die Wasseroberfläche, einkürzen und neu stecken. Weich/hart, 10–26 °C.

Brasilianischer Wassernabel

Hydrocotyle leucocephala

Aus Mittel- und Südamerika. Besonders schnellwüchsig und dekorativ. Verbessert die Wasserqualität, weil stickstoffzehrend. Zu lange Triebe kürzen und neu setzen. Wasser weich/hart, 20–28 °C.

Riesenwasserfreund

Hygrophila corymbosa

Großblättrig und schnellwüchsig, aus Südostasien. Schön im Mittel- oder Hintergrund neben rotblättrigen Pflanzen. In Gruppen zu 5, unterschiedlich lang, 4–5 cm tief pflanzen. Mittelhart/hart, 22–28 °C.

EXTRA
Pflanzenportaits

Indischer Wasserwedel
Hygrophila difformis

Attraktiv, willig wachsend, aus Indien bis Malaya. In Gruppen von 5–10. Viel Licht, CO_2-Gaben und regelmäßige Wasserpflege mit Wasseraufbereitungsmittel und Torfextrakt. Weich/hart, 22–28 °C.

Indischer Wasserfreund
Hygrophila polysperma

Schnellwüchsig, aus Südostasien, für Erstbepflanzung. Für Hintergrund, Seiten und Mitte; schön vor dunklen Pflanzen. Lichtbedarf mittel; attraktiver bei viel Licht. Wasser weich/hart, 22–28 °C.

Brasilianische Graspflanze
Lilaeopsis brasiliensis

Auch Neuseelandgras genannt. Langsam und rasenartig wachsend, am schönsten vorn an der hellsten Stelle im Aquarium. Regelmäßig düngen. Lichtbedarf mittel/hoch. Wasser weich/hart, 20–26 °C.

Blütenstielloser Sumpffreund
Limnophila sessiliflora

Wächst gut, gedrungen und kräftig; für Seiten und Hintergrund, schön neben dunklen oder roten Pflanzen. Viel Licht und regelmäßig düngen. Überwassertriebe können blühen. Weich/mittelhart, 20–26 °C.

Kardinalslobelie
Lobelia cardinalis

Anspruchslose Pflanze aus Nordamerika, langsam wachsend. Wirkt als Gruppe im Vorder- und Mittelgrund; Stecklinge in abgestufter Höhe einsetzen. Lichtbedarf mittel/hoch, Wasser mittelhart, 22–26 °C.

Javafarn
Microsorum pteropus

Da die Wurzeln dieses südostasiatischen Farns leicht faulen, wird er mit Angelsehne auf Holz, Steine oder Korkrinde gebunden. Vermehrung aus Rhizom und Blättern. Wasser weich/hart, 20–28 °C.

Rundblättrige Rotala
Rotala rotundifolia

Im Gegensatz zum Namen schmalblättrig und zart. Aus Südostasien. Dekorativ zu 10–15 im Mittelbereich neben rundblättrigen Pflanzen. Stecklingsvermehrung. Viel Licht, düngen. Weich/mittelhart, 24–28 °C.

Breitblättriges Pfeilkraut
Sagittaria platyphylla

Aus Nordamerika, gut für den Mittelgrund. Attraktiv vor feingliedrigen oder großen, rundblättrigen Pflanzen. Viel Licht, nährstoffreicher Boden für Ausläuferbildung nötig. Weich/mittelhart, 18–28 °C.

Kleines Pfeilkraut
Sagittaria subulata

Zierliche, rasenartige Vordergrundpflanze, schnellwüchsig und robust, gut zu kultivieren und leicht zu vermehren. Bildet Ausläufer. Als Erstbepflanzung 10–15 im Abstand von 1 cm. Mittelhart/hart, 18–28 °C.

Mexikanisches Eichenblatt
Shinnersia rivularis

Aus Mittelamerika. Sehr wüchsige, anspruchslose Pflanze. Regelmäßig auslichten und neu stecken. In großen Aquarien gut zur Erstbepflanzung. Lichtbedarf mittel/hoch. Wasser weich/hart, 20–28 °C.

Sumpfschraube
Vallisneria spiralis

Aus Tropen und Subtropen, wuchsfreudig. Wurzeln auf 3 cm kürzen; senkrecht einpflanzen! Blattansatz bleibt unbedeckt. In nährstoffreichem Boden schnelle Ausläuferbildung. Mittelhart/hart, 20–28 °C.

Javamoos
Vesicularia dubyana

Aus Asien, besiedelt Holz, Lavagestein usw. Wächst bei regelmäßigen Wasserwechseln willig zu dichten Polstern (Jungfisch-Versteck). Algen können das Wachstum hemmen! Weich/hart, 18–28 °C.

Auf einen Blick

Urlaubspflege fürs Aquarium

Vorbereitungen

Wegen des Aquariums braucht man auf den wohlverdienten Urlaub nicht zu verzichten. Das maßvoll besetzte und gut bepflanzte Becken wird rechtzeitig für den Urlaub vorbereitet:

- → 3 Wochen vorher keine neuen Fische mehr einsetzen.
- → 5 Tage vorher den Filter reinigen und stark verschmutztes Filtermaterial austauschen; Bakterienpräparat zugeben.
- → Anschließend prüfen, ob alle technischen Geräte einwandfrei funktionieren.
- → 3 Tage vorher 1/3 des Wassers wechseln und Wasseraufbereitungsmittel zugeben.
- → Die Zeitschaltuhr so einstellen, dass die Beleuchtung um 14.00 Uhr an- und um 22.00 Uhr ausgeht (Licht hält auch Einbrecher fern).

Futter für die Fische

- Einige Fastentage haben noch keinem Fisch geschadet.
- Bei mehr als zweiwöchiger Abwesenheit einen Futterautomaten verwenden. Wichtig ist, als Tagesration die Hälfte der normalen Futtermenge einzustellen und die Automatik schon einige Tage vor der Abreise in Betrieb zu nehmen, um zu prüfen, ob alles funktioniert.
- Wenn Freunde oder Bekannte die Fische füttern sollen, wird das Futter am besten in Tagesrationen bereitgelegt. Aus missverstandener Sorgfalt wird sonst leicht zu viel gegeben, was das Wasser verdirbt.

Infos für den Pfleger

- Hinterlassen Sie eine schriftliche Anweisung, wie die Temperatur und die Gerätefunktionen überprüft werden sollen und was im Notfall zu tun ist.
- Hinterlassen Sie Anschrift und Telefonnummer Ihres Zoofachhändlers/Tierarztes und wo Sie selbst notfalls im Urlaub erreichbar sind.

Bildnachweis

Farbfotos von Burkard Kahl (142 Aufnahmen) sowie Peter Beck (Seite 8 u., 9 o., 9 u., 11 o., 13 o., 13 mli., 13 u., 14 u., 15 o., 15 u., 17, 24 u., 25, 26 u., 27 li., 28 u., 29 o., 29 u., 30 u., 33 o., 33 u.), Christel Kasselmann (36 Pflanzenporträts auf S. 62–67) und Christof Salata/KOSMOS (Seite 11 uli., 13 mre.).

Impressum

Umschlaggestaltung von eStudio Calamar unter Verwendung von Farbfotos von Burkard Kahl.

Mit 202 Farbfotos und 1 Illustration.

Bibliografische Information Der Deutschen Nationalbibliothek
Die Deutsche Nationalbibliothek verzeichnet diese Publikation in der Deutschen Nationalbibliografie; detaillierte bibliografische Daten sind im Internet über http://dnb.ddb.de abrufbar.

Gedruckt auf chlorfrei gebleichtem Papier

ISBN 978-3-440-10390-6
Redaktion: Alice Rieger
Gestaltungskonzept: solutioncube GmbH, Reutlingen
Gestaltung & Satz: Atelier Krohmer, Dettingen/Erms
Produktion: Kirsten Raue / Eva Schmidt
Printed in Germany / Imprimé en Allemagne

Postfach 10 60 11
D-70049 Stuttgart
TELEFON +49 (0)711-2191-0
FAX +49 (0)711-2191-422
WEB www.kosmos.de
E-MAIL info@kosmos.de

Register

Meine Serviceseite

Internet

Aquarienfische: www.fishbase.net
Aquarienpflanzen: www.ak-wasserpflanzen.de
Barben, Salmler, Schmerlen, Welse: www.bssw-online.de
Buntbarsche: www.dcg-online.de
Guppys: www.dgf-guppy.de
Killifische: www.dkg.killi.org
Labyrinthfische: www.igl-home.de
Legendgebärende Zahnkarpfen: www.dglz.de
Regenbogenfische: www.irg-online.de
Wirbellose: www.wirbellose.de

Zum Weiterlesen

Beck, Peter:
Aquarienpflanzen Grundkurs.
Auswahl und Pflege. KOSMOS 2000.

Beck, Peter:
Süsswasseraquaristik. KOSMOS 2001.

Brünner, Gerard und Peter Beck:
Neue Wasserpflanzenpraxis. Tetra-Verlag 1990.

Hiscock, Peter:
Aquarien gestalten – nach dem Vorbild der Natur. KOSMOS 2004.

Kahl, Wally und Burkard und Dieter Vogt:
KOSMOS Atlas Aquarienfische.
Über 750 Süsswasser-Arten. KOSMOS 2003.

Kasselmann, Christel:
Pflanzenaquarien gestalten.
Planen, pflanzen, pflegen. 100 Pflanzenarten auf einen Blick. KOSMOS 2006.

Kölle, Dr. med. vet. Petra:
Fischkrankheiten. KOSMOS 2001.

Mayland, Hans J.:
Diskus. KOSMOS 2000.

Ullrich, Martin:
Buntbarsche. KOSMOS 2000.

Untergasser, Dieter:
Krankheiten der Aqurienfische.
Diagnose und Behandlung. KOSMOS 2006.

Vierke, Jörg:
Welse. KOSMOS 2002.